Familien begonnen
ein Jahr ereignet
Dies ist ein reich an
gottlob! es endet ein solches
soll besser enden glücklich!

Die *Kunst* der feinen Fäden

Kunstvolle Handarbeiten von Eva-Maria Maier zum Selbermachen

Herzlichen Glückwunsch
zum Geburtstage.

8. Juni.

Die *Kunst* der feinen Fäden

Kunstvolle Handarbeiten von Eva-Maria Maier zum Selbermachen

Die *Kunst* der feinen Fäden

Bezaubernd ...

... ist das richtige Wort für Eva-Maria Maier und ihre filigranen Kreationen. Wir freuen uns sehr, Ihnen das zweite Buch der Autorin vorzustellen. „Die Kunst der feinen Fäden" ist eine Fortsetzung ihres Erstlingswerkes „Poesie der kleinen Dinge" und steht ihm in nichts nach.

Mit unvergleichlichem Ideenreichtum schafft sie textile Welten, die uns verzaubern und mitnehmen in ihre schöpferischen Prozesse. Entdecken Sie die vielen kleinen Details, die ihre Werkstücke zur textilen Kunst werden lassen.

Um für jeden etwas Passendes zu gestalten hat Eva-Maria Maier anspruchsvolle Projekte mit einfachen Handarbeiten gemischt. Finden Sie in der Fülle an Inspirationen ihr persönliches Lieblingsstück. Mit ihrer Mixtur an Handarbeitstechniken hat sie mit diesem Buch eine Fundgrube für Kreative geschaffen. Die verschiedenen Techniken finden Sie ausführlich im hinteren Teil des Buches erläutert.

Haben Sie Freude am Stricken, Nähen, Häkeln und Sticken.

Wir grüßen Sie herzlich

Ute Menze und Meike Menze-Stöter

Inhalt

Beflügelt

durch die überwältigende, positive Resonanz vieler kreativer Handarbeitsbegeisterter über mein erstes Buch „Poesie der kleinen Dinge“, entstand nun dieses zweite Buch.
In ihm möchte ich Ihnen meine Leidenschaft des Strickens, die schon in jungen Jahren meine Mama in mir erweckte, vorstellen. Es erwarten Sie ausgefallene Strick-Kreationen detailreich kombiniert mit Bändern, Stoffen und Perlen.
Gehäkelte und genähte Lieblingsstücke warten auch in diesem Buch auf Sie. Der Grundgedanke des „sich Schmückens“ steht wieder im Vordergrund und soll Ihnen viele Gestaltungsmöglichkeiten neu eröffnen.

Ich möchte Sie inspirieren mit Farbnuancen zu spielen und Sie anregen in Ihren Material-Schätzen zu stöbern. Sie können mit antiken Kostbarkeiten aus Großmutters Nähkästchen, aber auch neuen Materialien, Ihre persönlichen Unikate entwickeln.

Mein großer Dank gilt vor allem Ute Menze und ihrer Tochter Meike Menze-Stöter für ihre liebevolle, tatkräftige Unterstützung. Meiner tollen Familie, besonders Felix für seine Kochkünste.
Meinem Papa und meiner Mama für ihren Ideenreichtum, sowie meinem Schwiegervater mit seinen wundervollen Antiquitäten.

Ganz liebe Grüße!

Eva

Feine Engeltasche

Sanfte Farben und ausgefallene Details machen diese Handtasche zu einem Schmuckstück.

Engeltasche

Größe 27 x 20 cm
Schablone Nr. 1a und 1b Seite 149

Sie benötigen:

- 0,40 m Baumwollstoff Blockstreifen grau-pflaume
- 0,25 m Baumwollstoff Blütentanz grau-pflaume
- 0,15 m Baumwollstoff Uni natur
- 0,35 m Leinenstoff graubraun
- 0,25 m Schmuckwebband Rosenranke grau-brombeer
- 0,30 m Schmuckwebband Beerenranke brombeer-grau
- 0,25 m Schmuckwebband Noten brombeer-grau
- 0,20 m Schmuckwebband Mein Engel grau-brombeer
- 0,70 m Samtband graubraun 5 cm breit
- 0,25 m Spitzenborte „Amboise" creme
- 0,20 m Klöppelspitze „Elisa" dunkellila
- 0,25 m Tüll-Rüschenband „Nina" lila
- 0,35 m dickes Volumenvlies zum Aufbügeln
- Bedruckbarer Stoff Popeline
- Mini-Perlen Farbe 0420, 2247 und Glaswachsperlen creme
- Magnetverschluss zum Annähen

So geht's:

- Drucken Sie das Engelmotiv von Seite 152 auf den bedruckbaren Stoff (Seite 111) und bügeln Sie das Volumenvlies dahinter.
- Schneiden Sie aus dem Leinen mit der zusammengesetzten Schablone Nr. 1a und b (Nahtzugabe nicht vergessen) das Rücken-Klappenteil (Außenteil) zu (Bild 1) und ein Stück 22 x 22 cm für die Tasche.
- Nähen Sie auf die Klappe das Engelmotiv mit den darunterliegenden Bändern (Bild 2). Nähen Sie die Miniperlen laut Foto auf das Motiv.
- Säumen Sie die Tasche an der oberen Kante 1 cm breit (Bild 3).
- Nähen Sie alle Bänder laut Foto auf die Tasche und schlagen Sie die Seiten 1 cm nach innen um (Bild 4).
- Nähen Sie die Tasche an den Seiten auf und bügeln Sie Volumenvlies hinter das komplette Außenteil und schneiden es bündig ab (Bild 5).
- Schneiden Sie aus dem gestreiften Baumwollstoff mit der Schablone 1a/b ein Rücken-Klappenteil (Futter) zu und ein Stück 33 x 16 cm für die Innentasche.
- Säumen Sie die Innentasche an der langen Seite 1 cm breit, schlagen Sie die entgegengesetzte Seite 1 cm breit nach innen und nähen Sie die Tasche unten und mit einer Naht mittig auf das Futter-Teil (Bild 6).
- Legen Sie Außenteil und Futter rechts auf rechts und nähen Sie die Rundung zusammen (Bild 7).

- Schneiden Sie die Nahtzugabe in der Rundung ein.
- Schneiden Sie nun die beiden Vorderteile mit der Schablone 1a zu (Außenteil Blütenstoff und Futter gestreifter Stoff), auch hier die Nahtzugabe nicht vergessen.
- Bügeln Sie hinter das Außenteil das Volumenvlies.
- Legen Sie die Vorderteile rechts auf rechts und nä-

hen Sie diese an der oberen geraden Kante zusammen (Bild 8).

- Falten Sie die Rücken-Klappenteile und die Vorderteile auseinander und legen Sie sie rechts auf rechts, so dass das Futter und die Außenteile übereinander liegen.
- Nähen Sie die Teile zusammen, sparen Sie die Ecken aus und lassen Sie im Futter eine Wendeöffnung frei (Bild 9).
- Nähen Sie nun die Ecken ab, indem Sie diese aufeinander falten (Seitennaht auf die Bodennaht legen) (Bild 10).
- Wenden Sie die Tasche und schließen Sie die Wendeöffnung.
- Steppen Sie den Taschensaum knappkantig ab.
- Kräuseln Sie das Samtband beidseitig auf die Länge der Taschenklappe.
- Nähen Sie von der rechten Seite das Samtband an die Kante der Klappe.
- Schlagen Sie das Band nach innen und nähen Sie es dort von Hand fest (ähnlich wie bei einem Schrägband)
- Fertigen Sie aus dem unifarbenen Baumwollstoff und der Vlieseline einen in den Endmaßen 175 x 2 cm großen Träger.
- Schließen Sie den Träger zu einem Ring.
- Legen Sie das Band zu einer „Lilie" wie auf dem Foto ersichtlich und fixieren Sie es von Hand mit einigen Stichen
- Platzieren Sie die „Lilie" mittig oben auf der Klappe und nähen Sie den Träger an den Seiten und 5 cm weiter zur Mitte hin von Hand fest (Bild 11).
- Verzieren Sie die Tasche sowie die Trägernähte mit Perlen.
- Nähen Sie den Magnetverschluss an die Tasche.
- Bügel Sie die Tasche (nicht das Samtband) vorsichtig aus.

Bild 1

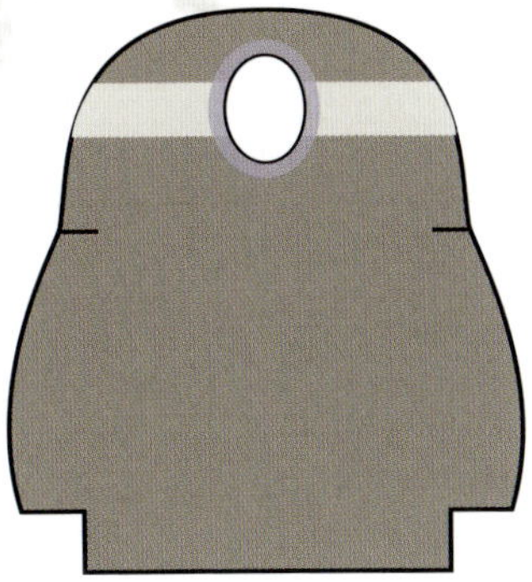

Bild 2

Bild 3

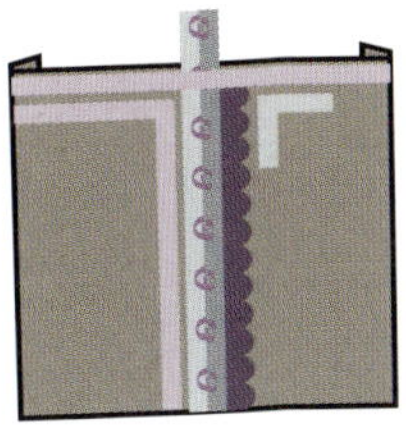

Bild 4

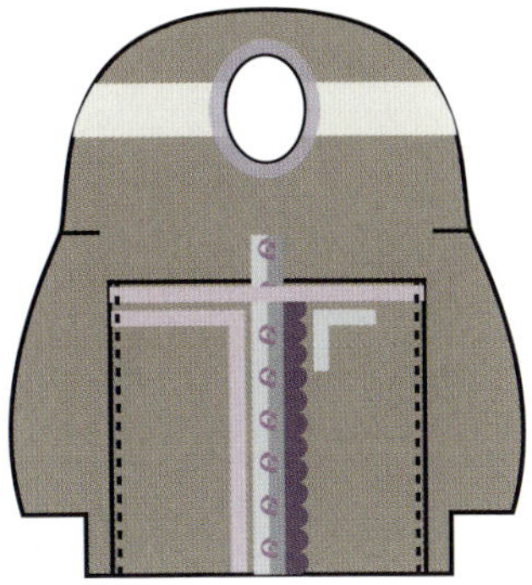

Bild 5

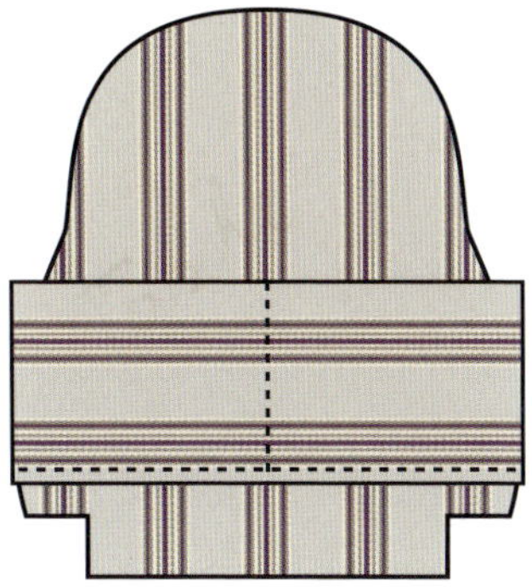

Bild 6

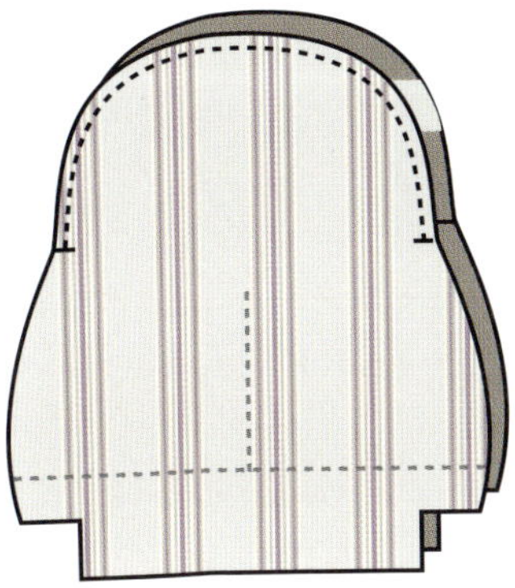

Bild 7

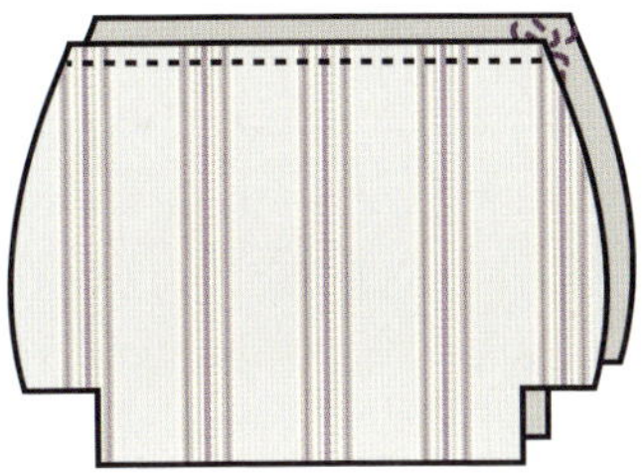

Bild 8

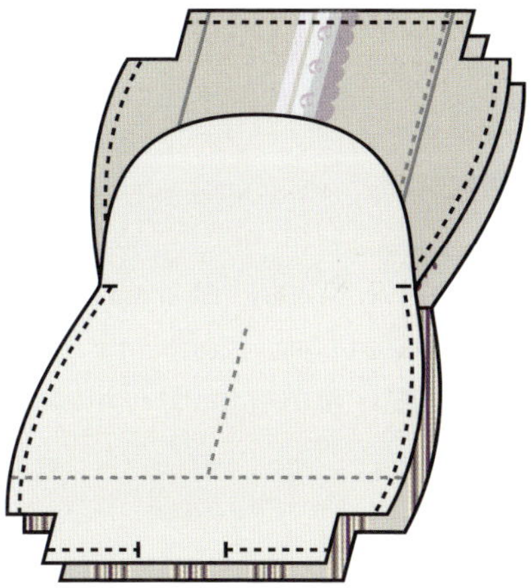

Bild 9

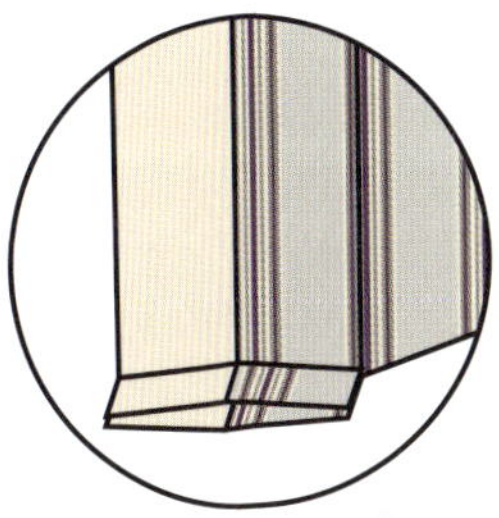

Bild 10

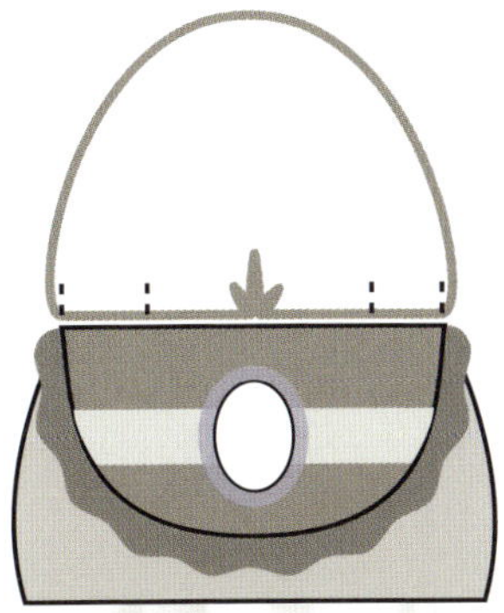

Bild 11

Taschenaufsicht

Traumhaftes Kissen

Dieses Kissen ist ein kreatives Meisterstück. Es wird gestickt, gestrickt und genäht. Feine Akzente setzen Klöppelspitzen und Webbänder.

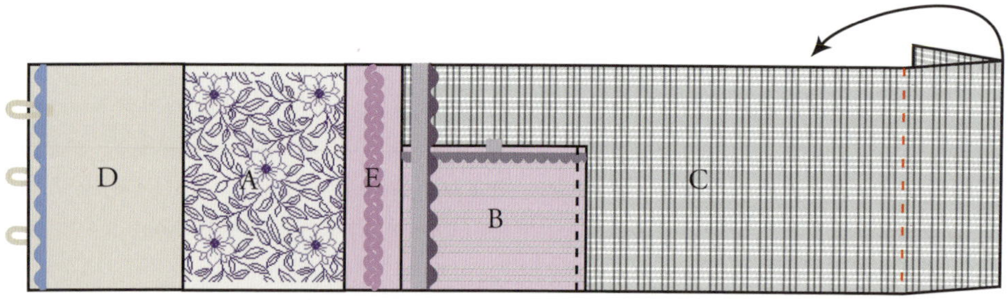

Bild 1

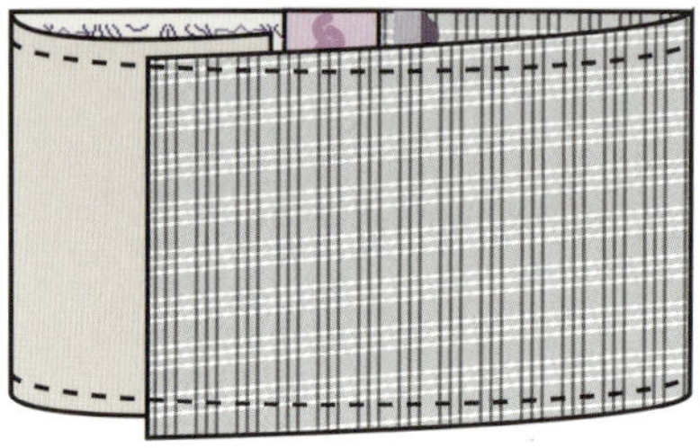

Bild 2

Traumhaftes Kissen

Größe 50 x 26 cm
Stickereigröße 20 x 26cm
Stickmuster Seite 142

Sie benötigen:

- 0,30 m Leinen beige
- 0,25 m Baumwollstoff lila gestreift
- 0,30 m Baumwollstoff grau kariert
- 0,30 m Baumwollstoff Blütentanz grau-pflaume
- 0,30 m Schmuckwebband Beerenherz grau-lila
- 0,30 m Klöppelspitze „Marga" lila
- 0,30 m Klöppelspitze „Elisa" dunkellila
- 0,30 m Klöppelspitze „Greta" graublau
- 0,50 m Satinband creme
- 0,30 m Vlieseline
- Glasrosenknopf transparent in grau, lila und braun
- 1 Knäuel Wolle „Madonna" lila
- Stricknadel Stärke 4,5
- 3 Beutel Füllwatte
- Stickgarn

Zuschnitt:

- Leinen: 22 x 28 cm (nach dem Sticken zuschneiden) (A)
- Baumwollstoff lila gestreift: 36 x 25 cm (B)
- Baumwollstoff grau kariert: 75 x 28 cm (C)
- Baumwollstoff Blütentanz: 40 x 28 cm (D)
- Strickeinsatz: 9 x 28 cm (E)

So geht's:

- Sticken Sie das Stickmuster im Kreuzstich auf das Leinen und bügeln Sie Vlieseline hinter die Stickerei (A).
- Fertigen Sie den Strickeinsatz, nach der Strickvorlage Zopfmuster auf den folgenden Seiten an. Schlagen Sie dazu 28 Maschen an.
- Bügeln Sie anschließend Vlieseline hinter die Strickarbeit (E).
- Bügeln Sie den Zuschnitt (D) links auf links auf die Größe 20 x 28 cm und nähen Sie die graublaue Klöppelspitze mit den Schlaufen aus Satinband auf die Bruchkante laut Foto.
- Bügeln Sie ebenfalls den Zuschnitt (B) links auf links (25 x 18 cm) und nähen Sie die lilafarbene Klöppelspitze mit einer kleinen Schmuckwebband Schlaufe an die Bruchkante, siehe Foto.
- Nähen Sie alle Zuschnitte laut Skizze zusammen (Bild 1).

- Zuschnitt (B) wird dabei als Tasche aufgenäht, schlagen Sie dazu 1 cm an der rechten Seite um und nähen Sie die Tasche an der rechten Seite fest. Die linke Seite wird mit dem Strickeinsatz festgenäht.
- Nähen Sie die weiteren Bänder laut Foto auf.
- Bügeln Sie die Außenkante von Teil (C) zweimal 12 cm breit nach links um (Bild 1).
- Klappen Sie nun den Teil (D) rechts auf rechts auf die Vorderseite, so dass die Naht von D/A genau im Bruch liegt (Bild 2).
- Schlagen Sie nun auch den grauen Stoff auf die Vorderseite (dabei überlappen sich die Teile), so dass das Kissen 50 cm breit ist (Bild 2).

• Schließen Sie nun die oberen und die unteren Schnittkanten (Bild 2).
• Wenden Sie das Kissen.
• Nähen Sie die Glasknöpfe an der Rückseite fest und füllen Sie das Kissen mit Füllwatte.

Zopfmuster

So geht's:

• Beginnen Sie mit dem Strickmuster.
• Die erste Reihe stricken Sie laut Muster.
• Die Rückreihe (2. Reihe) wird wie die folgenden immer in der Masche der Vorreihe gestrickt (wie sie erscheinen).
• In der 3. Reihe stricken Sie erst die linken Maschen, dann beginnen Sie mit dem Zopfmuster, indem Sie die ersten vier rechten Maschen auf eine Hilfsnadel abheben und nach hinten legen (Bild 1). Anschließend stricken Sie die Maschen 5 - 8 rechts (Bild 2). Danach nehmen Sie die Hilfsnadel nach vorn und stricken die Maschen (1 - 4) (Bild 3). Masche 9 - 12 werden rechts gestrickt und die restlichen Maschen links.
• Rückreihe
• Die 5. Reihe stricken Sie laut Muster.
• Rückreihe
• In der 7. Reihe stricken Sie erst die linken Maschen, dann stricken Sie Masche 1 - 4 rechts. Die Maschen 5 - 8 heben Sie auf die Hilfsnadel und legen Sie nach vorne (Bild 4). Dann stricken Sie die Maschen 9 - 12 rechts (Bild 5). Holen Sie nun die Hilfsnadel und stricken Sie die Maschen 5 - 8 rechts (Bild 6). Abschließend stricken Sie die linken Maschen (Bild 7).
• Rückreihe
• Wiederholen Sie nun das Muster von Reihe 1- 8, bis Sie 28 cm erreicht haben und ketten Sie die Maschen ab.

Strickmuster

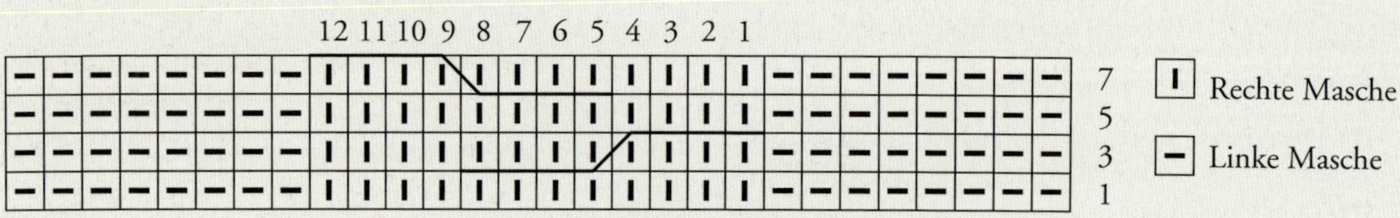

1

2

3

4

5

6

7

Elegante Ohrringe

Feine Häkelblüten und
Perlen zieren diese
wunderschönen Ohrringe.

Elegante Ohrringe

Länge 7 cm

Sie benötigen:

- Bedruckbaren Stoff Popeline
- 0,10 m Baumwollstoff hellrosa
- Knopflochgarn Farbe 800 und 568
- Mini-Perlen Farbe 1866 und Glaswachsperlen weiß
- Füllwatte
- Ohrringschließen
- Häkelnadel Stärke 0,75

So geht's:

- Drucken Sie das Engelmotiv (Seite 152) zweimal auf den bedruckbaren Stoff (Seite 111).
- Stellen Sie aus dem bedruckten Stoff und dem Baumwollstoff laut Grundanleitung Seite 120, in der Größe des Engelmotives, zwei Schmuckanhänger her.
- Umnähen Sie diese mit einem Festonstich und häkeln Sie auf diesen einen weißen Mausezähnchenrand (Seite 122 und 129).
- Häkeln Sie aus dem fliederfarbenen Knopflochgarn sechs kleine Häkelblüten laut Grundanleitung von Seite 134 bis zur 1. Blattreihe.
- Nähen Sie nun auf die Rückseite der Anhänger jeweils eine Blüte und verzieren Sie diese mit Perlen.
- Für die Zwischenblüte nähen Sie zwei Häkelblüten links auf links gegeneinander und verzieren Sie diese mittig beidseitig mit einer Glaswachsperle.
- Verbinden Sie die Ohrringschließen, die Zwischenblüte und die Schmuckanhänger mit einer Perlenschnur.

Zauberhaft

Masche für Masche ist dieses Schal mit Liebe gemacht.

Rosa Schal

Größe 190 x 35 cm

Sie benötigen:

- 4 Knäuel Leinengarn „Scarlet" altrosa
- 1 Knäuel Leinengarn „Scarlet" natur
- Stricknadeln Stärke 4
- Häkelnadel Stärke 3

Für die Näharbeit:

- Bedruckbarer Stoff Seide
- Baumwollstoff uni natur (17 x 16 cm)
- Mini-Perlen Farbe 1085 und Glaswachsperle creme
- 0,35 m Klöppelspitze „Greta" creme
- 0,25 m Schleifenband „Scoubidou" rosa
- 1 Knopf „Blümchen" rosa

So geht's:

- Schlagen Sie 67 Maschen an und stricken Sie 7 Reihen kraus rechts (an den Seiten Randmaschen stricken).

Am Anfang und am Ende eines Musters stricken Sie eine Randmasche und je nach Muster 4- 6 Maschen kraus rechts.

- Muster 1 arbeiten Sie über 35 cm.
- Muster 2 arbeiten Sie über 25 cm.
- Muster 3 arbeiten Sie über 10 cm.
- Muster 4 arbeiten Sie über 70 cm.
- Muster 5 arbeiten Sie über 18 cm.
- Glatt rechts arbeiten Sie über 10 cm.
- Muster 6 arbeiten Sie über 12 cm.
- Danach 7 Reihen kraus rechts stricken und abketten.
- Vernähen Sie alle Fäden.
- Häkeln Sie mit dem naturfarbenen Leinengarn in jede 2. Masche (der Rand- und abgeketteten Maschen) einen Mausezähnchenrand (Seite 129).

Für das Täschchen:

- Drucken das Engelmotiv (Seite 152) auf den bedruckbaren Stoff (Seite 111) und schneiden Sie es mit etwas Nahtzugabe aus.
- Falten Sie den Baumwollstoff links auf links zu einer Größe von 17 x 8 cm aufeinander und nähen Sie das Engelmotiv auf.
- Nähen Sie oben auf die Bruchkante das Schleifenband und mittig eine Schlaufe aus diesem fest.
- Nähen Sie das Täschchen mittig auf den glatt rechts gestrickten Teil des Schals. Schlagen Sie dabei die seitliche Nahtzugabe nach innen ein.
- Nähen Sie über die gesamte Schalbreite und die untere Kante der Tasche die Klöppelspitze.
- Verzieren Sie das Täschchen mit Perlen (Seite 118).
- Nähen Sie den Knopf auf dem Schal an.
- Bügeln Sie den Schal vorsichtig in Form.

Blütenschmuck

Die schöne Häkelblüte zieht alle Blicke auf sich.

Kropfband

Sie benötigen:
• Schmuckwebband Rosenranke antik-petrol (Länge: doppelter Halsumfang plus Nahtzugabe und etwas Spielraum, je nachdem wie eng das Kropfband sitzen soll)
• Baumwollgarn „Petra 8“ kieselgrau
• Mini-Perlen Farbe 1865 und 1938 und Glaswachsperlen creme
• Magnetverschluss
• Reißfestes Garn für die Perlenschnüre

So geht's:
• Häkeln Sie aus dem Garn eine irische Häkelblüte bis zu Reihe 7 (Seite 132) und vernähen Sie die Fadenenden.
• Ziehen Sie auf das Schmuckwebband beide Enden des Magnetverschlusses und nähen Sie es zu einem Ring zusammen.
• Legen Sie das Schmuckwebband aufeinander, so dass die Naht innen liegt. Nähen Sie das Band an beiden Seiten knappkantig aufeinander.
• Bringen Sie auf der Vorderseite die Häkelblüte seitlich an.

• Verzieren Sie laut Abbildung die Blüte mit den Perlen (Seite 118). Die Perlenschnüre werden dabei am Schmuckwebband festgenäht.

Armband

Sie benötigen:
• Schmuckwebband Rosenranke antik-petrol (Länge: doppelter Handgelenkumfang plus Nahtzugabe und etwas Spielraum, je nachdem wie eng das Armband sitzen soll)
• Baumwollgarn „Petra 8“ kieselgrau
• Mini-Perlen Farbe 1865 und Glaswachsperlen creme
• Magnetverschluss

So geht's:
• Fertigen Sie eine irische Häkelblüte bis Reihe 5 (Seite 132) und vernähen Sie die Fadenenden.
• Ziehen Sie auf das Schmuckwebband den Magnetverschluss und nähen Sie das Band zu einem Ring zusammen.
• Legen Sie das Schmuckwebband aufeinander, so dass die Naht innen liegt und nähen Sie es an beiden Seiten knappkantig zusammen.
• Bringen Sie nun mittig auf der Vorderseite des Bandes die Häkelblüte an und verzieren Sie die Blüte mit den Perlen.

1 Knäuel Baumwollgarn „Petra 8“ kieselgrau reicht für das Kropf- und das Armband.

Gestickte Ornamente

Die feinen und klaren Stiche des Kreuzstichs bringen die drei grafischen Ornamente besonders gut zur Geltung.
Farblich aufeinander abgestimmt bilden sie ein elegantes Trio.

Stickbilder

Größe 21 x 21 cm
Stickereigröße 10,5 x 10,5 cm
Stickmuster Seite 145 - 147

Sie benötigen:

- 0,30 m Leinen beige und Stickgarn
- 0,30 m Vlieseline
- Rahmen 21 x 21 cm

Zuschnitt:

- Leinen: 3 Stück 30 x 30 cm

So geht's:

- Sticken Sie die Stickmuster im Kreuzstich auf das Leinen und bügeln Sie anschließend Vlieseline hinter die Stickerei. Achten Sie darauf, dass das Gewebe fadengerade gebügelt ist, bevor es mit Vlieseline verbunden wird. Rahmen Sie die Stickereien.

Blaue Ornament - Kette

Größe Anhänger Ø 5,5 cm
Länge Kette 50 cm
Stickereigröße Ø 5 cm im Petit Point
Stickmuster Seite 146

Sie benötigen:

- Leinen beige (15 x 15) cm und Stickgarn
- Bedruckbarer Stoff Popeline
- Knopflochgarn Farbe 64
- Häkelnadel Stärke 0,75
- Mini-Perlen Farbe 1866 und 0305
- Wolle „Angel" grau und creme
- Wolle „Scarlet" grau
- Schmuckwebband Rosenranke antik-blau (2 Stück, je 10 cm lang)
- Baumwollstoff Uni grau (2 Stück 14 x 5 cm)
- Magnetverschluss, antiksilber
- Füllwatte und Pinzette

So geht's:

- Sticken Sie das Stickmuster im Petit Point mittig auf das Leinen.
- Drucken Sie das Engelmotiv (Seite 152) auf den bedruckbaren Stoff (Seite 111).
- Fertigen Sie aus der Stickerei und dem Engelmotiv einen Schmuckanhänger (Seite 120) in der Größe des Engelmotives. Fassen Sie die Schmuckanhänger mit einem Festonstich ein (Seite 122).
- Häkeln Sie nun von der Rückseite des Anhängers in jeden dritten Festonstich 1 fM und dann 4 Lm (Bögen).
- Nach dem Umrunden des Anhängers wenden Sie ihn und häkeln von vorne auf die Bögen im Wechsel 6 fM (1. Bogen) und 3 fM, 1 Mausezähnchen (Seite 129) und 3 fM (2. Bogen).
- Fertigen Sie oben eine Schlaufe als Aufhängung für die Stricklieselketten an (Seite 122).

- Verzieren Sie den Anhänger mit Perlen.
- Stärken Sie die Häkelspitze mit Wäschestärke.
- Für die Stricklieselketten (Seite 135) fertigen Sie aus der Wolle insgesamt drei Ketten à 55 cm an.
- Fädeln Sie auf die drei Ketten den Anhänger.
- Ziehen Sie die je drei Kettenenden durch die Ösen des Magnetverschlusses.
- Schlagen Sie die Kettenenden um ca. 3,5 cm nach innen und umwickeln Sie sie fest mit etwas Nähgarn.
- Umwickeln Sie dieses Stück mit dem grauen Baumwollstoff und dem Schmuckwebband in der Walzentechnik (Seite 116).

Zwei schöne Seiten

Als Kettenanhänger ist das in Petit Point gestickte Ornament sehr edel. Mit dem Engelmotiv auf der anderen Seite ist die Kette nach Lust und Laune beidseitig tragbar.

Gestickte Schätze

Die Handarbeit des Stickens hat eine lange Tradition. Was in alten Zeiten nur den edlen Damen vorbehalten war, findet heute viele Liebhaber.

Blüten-Armband

Länge 19 cm

Sie benötigen:

- 0,20 m Schmuckwebband Beerenranke brombeergrau
- 0,20 m Satinband „Eloise“ grau-weiß (für die Rückseite des Webbandes)
- 0,20 m Schleifenband „Scoubidou“ lila
- 0,20 m Samtband, elastisch, grau
- 1 Knäuel Wolle „Baby Sock“ lila und etwas graubeige
- Häkelnadeln Stärke 2,0
- Knopflochgarn Farbe 199
- Mini-Perlen Farbe 2247 und Glaswachsperlen creme
- Armbandverschluss

So geht's:

- Nähen Sie das Satinband links auf links auf das Schmuckwebband und steppen Sie es dabei seitlich ab.
- Nähen Sie nun die 3 Bänder (Schmuckweb-Satinband, Samtband und Schleifenband) jeweils am Anfang und am Ende zusammen (siehe auch Seite 71).
- Kleben Sie die beiden Enden mit 2 Komponenten-Kleber in die Verschlusskapseln.
- Verzieren Sie das Schmuckweb-Satinband an den äußeren Kanten mit den Mini-Perlen.
- Häkeln Sie laut Grundanleitung (Seite 131) eine plastische Häkelblüte (1. Blattreihe) aus der Sockenwolle und bringen Sie eine Schlaufe (wie in der Grundanleitung Schmuckanhänger Seite 122) an.
- Verzieren Sie diese mit Mini-Perlen (Seite 118).
- Hängen Sie die Häkelblüte in die Öse des Verschlusses ein.

Blütenzart

Man nehme: feine Bänder, Perlen und eine kleine Häkelblüte. Fertig ist ein blütenzartes Armband!

Textile Zeitreise

Wie aus vergangenen Tagen mutet dieses Stilleben an.
Die kunstvollen Handarbeiten mit nostalgischem Charme lassen sich jedoch wunderbar im „Hier und Jetzt„ tragen.

Schreib-Stil

Diese traumhaft eleganten Armstulpen
sind nicht nur ein schönes Accessoire,
sie halten auch praktischerweise schön warm.

Blaue Armstulpen

Länge 23 cm

Sie benötigen:

- 1 Knäuel Baumwollgarn „Petra 8" grau
- 1 Knäuel Wolle „Angel" blau
- 0,10 m Schmuckwebband Rosenranke grau-blau
- 0,25 m Schmuckwebband Blätterranke grau-blau
- Mini-Perlen Farbe 4221
- Nadelspiel Stärke 2 und 4
- Häkelnadel Stärke 1,5

So geht's:

- Schlagen Sie 68 Maschen an und verteilen Sie diese auf vier Nadel des Nadelspiels Nr. 2.
- Stricken Sie 3 cm im Bündchenmuster (2 M re, 2 M li).
- Danach stricken Sie über 13 cm das Strickmuster.
- Anschließend stricken Sie mit dem Nadelspiel Stärke 4 und der blauen Wolle weiter. Verdoppeln Sie dabei die Maschenanzahl (1 re M und 1 U, insg. 136 Maschen).
- Stricken Sie die nächsten 13 Runden glatt rechts.
- Für den Häkelbogenabschluss ziehen Sie 34 Perlen auf das Baumwollgarn (Seite 36).
- Nehmen Sie eine Häkelnadel Stärke 1,5 zur Hand und nehmen Sie 4 Maschen der Strickarbeit auf.
- Ziehen Sie den Faden durch die Maschen und häkeln Sie 4 Lm.
- Danach arbeiten Sie ein Mausezähnchen, dazu häkeln Sie 3 Lm (in der 3. Lm eine Perle mit einhäkeln) und in die Erste dieser Luftmaschen eine feste Masche.

- Anschließend häkeln Sie wieder 4 Lm.
- Wiederholen Sie das Ganze, bis Sie rundherum alle Maschen von den Stricknadeln gehäkelt haben. Achten Sie immer darauf, die Perlen mit einzuhäkeln, wie auf Seite 36 gezeigt.
- Vernähen Sie alle Fäden.
- Auf den glatt rechts gestrickten Stulpenteil die Schmuckwebbänder vorsichtig per Hand aufnähen, dabei die Stulpen leicht in die Breite dehnen um ein Wellen des Bandes beim Tragen zu vermeiden.
- Dämpfen Sie die Rüsche vorsichtig.

Strickmuster

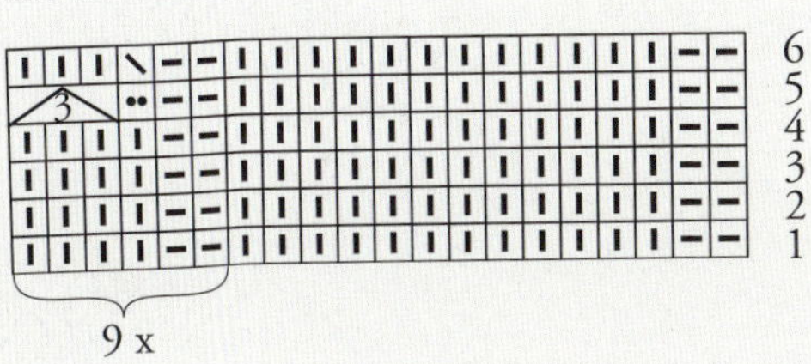

- Rechte Masche
- Linke Masche
- 2 Umschläge
- 1 M abheben, 3 re str, abgeh M über 3 re M ziehen
- 1 M re str und 1 M fallen lassen

Häkelabschluss mit eingearbeiteten Perlen.

Rechte Maschen, linke Maschen . . .

Von Engeln behütet

Auf jedem runden Schmuckanhänger ist auf einer Seite ein nostalgisches Engelbild eingearbeitet.

Techniken: Schmuckanhänger • Mausezähnchenrand • Häkelkugel • Nähen • Perlensticken • Stoffdruck

Blaue Engelkette

Länge 110 cm
Schablone Nr. 2 Seite 149

Sie benötigen:

- Perlgarn Farbe 976, 400, 831, 393 (1 Strang= 3 Kugeln)
- Knopflochgarn Farbe 199
- 0,10 m Baumwollstoff Uni natur (2 Stück 10 x 10 cm)
- 0,10 m Baumwollstoff Blütenranke natur-blau (7 Stück 10 x 10 cm)
- 0,05 m Schmuckwebband Rosenranke antik-blau
- Bedruckbarer Stoff Popeline
- Mini-Perlen Farbe 1865, 0594, 0305
- Füllwatte
- Pinzette
- Füllsand
- Häkelnadel Stärke 1,25

So geht's:

- Drucken Sie die Engelmotive (Seite 152) auf den bedruckbaren Stoff (Seite 111).
- Fertigen Sie fünf Schmuckanhänger laut Anleitung (Seite 120) in der Größe des Engelmotives. Für die Rückseite verwenden Sie den gemusterten Baumwollstoff.
- Häkeln Sie an drei Schmuckanhänger einen Mausezähnchenrand (Seite 129) und zwei verzieren Sie mit einem Perlenrand.
- Verzieren Sie alle Schmuckanhänger mit Perlen (Seite 118).
- Fertigen Sie an alle Schmuckanhängern oben und unten eine Schlaufe.

- Häkeln Sie aus den Perlgarnen 17 Häkelkugeln (Seite 127) für die Kette.
- Fertigen Sie mit der Schablone Nr. 2 aus den Baumwollstoffen zwei Herzen an und füllen Sie Sie mit etwas Füllsand und Füllwatte.
- Verzieren Sie die Herzen mit dem Schmuckwebband und den Mini-Perlen.
- Häkeln Sie von den Herzmitten beginnend 15 cm und 25 cm lange Luftmaschenketten, bilden Sie Schlaufen und häkeln Sie mit Kettmaschen zurück zu den Herzmitten.
- Vernähen Sie die Fadenenden.
- Nähen Sie nun alle Teile mit den Luftmaschenketten der Häkelkugeln zusammen.

Von zarter Eleganz

Anschmiegsam

Mit romantischen Details sind diese bezaubernden Füßlinge verziert. Bänder, Perlen und Häkelblüten machen aus ihnen besondere Einzelstücke.

Füßlinge

Größe 37- 42

Sie benötigen:
Füßling grau:
- 1 Knäuel Wolle „Baby Sock“ grau
- 1 Knäuel Wolle „Angel“ creme
- Mini-Perlen Farbe 4221
- Stricknadeln Stärke 6
- Häkelnadel Stärke 2

Füßling lila:
- 1 Knäuel Wolle „Baby Sock“ lila und etwas graubeige
- 1 Knäuel Wolle „Angel“ dunkellila
- Mini-Perlen Farbe 4221
- Stricknadeln Stärke 6
- Häkelnadel Stärke 2
- 0,40 m Ripsband helllila

Größe 37-38 (39-40/ 41-42)

So geht's:
Die Füßlinge werden mit doppeltem Faden gestrickt.
- Schlagen Sie 59 (Größe 37 - 38), 63 (Größe 39 - 40) oder 67 (Größe 41 - 42) Maschen an.
- Für die Sohle stricken Sie kraus rechts.
- 1. Reihe: Rechts stricken und die Mittelmasche markieren (diese Reihe ist eine Rückreihe).
- 2. Reihe: 1 Masche nach und vor der Randmasche sowie vor und nach der Mittelmasche verschränkt aus dem Querfaden der Vorreihe aufnehmen= 63 M (67/ 71), es werden 4 Maschen aufgenommen. Diese Zunahme in jeder 2. Reihe viermal wiederholen, bis

Sie in der 10. Reihe 79 M (83/ 87) haben.

• Für die Seiten, 11. Reihe bis 15. Reihe Muster glatt rechts stricken, dabei die mittleren sieben Maschen markieren.

• 16. Reihe: 1 Rm, 22 Maschen (2 li 2 re), danach glatt rechts stricken (wobei Sie vor den markierten Maschen 3 M re zus-str und nach den markierten Maschen3 M re verschr zus-str), 22 M (2 li, 2 re) und 1 Rm.

• Wiederholen Sie diese Abnahme in jeder 2. Reihe, so dass Sie 51 Maschen haben.

• Stricken Sie noch eine Reihe glatt rechts und ketten Sie die Maschen in der nächsten Reihe fest ab.

• Verschließen Sie die Sohlennaht und die Fersennaht und vernähen Sie alle Fadenenden.

• Arbeiten Sie den zweiten Füßling genauso.

• Für die grauen Füßlinge fädeln Sie 20 Perlen (pro Füßling) auf die Wolle „Angel" (siehe auch Seite 36).

• 1. Runde: Häkeln Sie in jede abgekettete Masche 2 fM.

• In der nächsten Runde häkeln Sie in jede 5. Masche 1 fM und einen Luftmaschenbogen aus 6 Lm.

• 3. Runde: Häkeln Sie 3 Km zur Bogenmitte und setzen Sie auf jeden Bogen 1 fM und 6 Lm.

• 4. Runde: Häkeln Sie 3 Km zur Bogenmitte und setzen Sie auf jeden Bogen 1 fM und 7 Lm, wobei Sie bei der mittleren Lm eine Perle mit einhäkeln.

• Vernähen Sie die Fäden und dämpfen Sie die Spitze in Form.

• Für die lilafarbenen Füßlinge häkeln Sie in die abgeketteten Maschen eine Muschelkante.

• Dazu häkeln Sie in eine Masche *1 fM, 5 Stb und 1 fM, die nächste Masche lassen Sie frei. Ab * wiederholen.

• Häkeln Sie zwei plastische Häkelblüten (Seite 131). Die Blütenstiele häkeln Sie 10 cm lang.

• Arbeiten Sie aus je 20 cm Ripsband eine Schleife und nähen Sie diese auf die Füßlinge.

• Verzieren Sie die Blüten mit Perlen und nähen Sie diese auf die Schleifen.

• Vernähen Sie alle Fäden.

TIPP: Wer locker strickt sollte Stricknadeln Stärke 5 verwenden.

Schick in Strick

Die Mischung macht's: Zarter Strick veredelt mit Blüten, Perlen und Bändern.

Strickmütze

Sie benötigen:
- 1 Knäuel Wolle „Angel“ dunkellila
- Nadelspiel Stärke 5
- 1 Knäuel Wolle „Baby Sock“ lila und graubeige
- Nadelspiel Stärke 2,5
- Häkelnadel Stärke 2
- Mini-Perlen Farbe 2247 und Glaswachsperlen creme
- 0,10 m Schmuckwebband Beerenranke brombeergrau

So geht's:
- Schlagen Sie auf vier Nadeln des Nadelspiels verteilt 4 Maschen an.
- Stricken Sie eine Runde glatt rechts (die gesamte Arbeit wird glatt rechts gestrickt).
- In der 2. Runde nehmen Sie am Ende jeder Nadel eine Masche hinzu. (1 M re verschr aus Querfaden str Seite 138).
- Desweiteren wird in jeder ungeraden Runde die vorherige Maschenanzahl wiederholt und in jeder geraden Runde am Ende jeder Nadel eine Maschen hinzu genommen (siehe 2. Runde).
- Wiederholen Sie dies, bis Sie 160 Maschen auf den Nadeln haben.

- Anschließend nehmen Sie das Nadelspiel Stärke 2,5 und die lilafarbene Wolle „Baby Sock“ zur Hand und stricken im Bündchenmuster (2 M re, 2 M li) 12 Runden.
- Nun stricken Sie eine Runde im Lochmuster, dazu stricken Sie 2 M re zusammen und 1 Umschlag usw.
- Abschließend 12 weitere Runden im Bündchenmuster stricken und abketten.
- Das so entstandene Bündchen falten Sie zur Hälfte nach innen (auf der Lochreihe) und nähen es locker per Hand fest.
- Vernähen Sie alle Fäden.
- Häkeln Sie eine zweireihige und zwei einreihige plastische Häkelblüten (Seite 131) aus der graubeige- und lilafarbenen Wolle.
- Verzieren Sie die Blüten mit den Perlen und nähen Sie die Blüten als Gruppe seitlich an der Mütze fest.
- Das Schmuckwebband nähen Sie neben den Blüten als kleine Schlaufe fest.

Ein Hauch von Luxus

In diesen romantischen Loop hüllt „Frau“ sich gerne.

Romantischer Loop

Umfang 130 cm
Schablone Nr. 3

Sie benötigen:

- 2 Knäuel Wolle „Angel" lila
- 1 Knäuel Baumwollgarn „Petra 8" hellgrau
- 0,25 m Schmuckwebband Beerenherz grau-lila
- 0,25 m Schmuckwebband Beerenranke brombeer-grau
- 0,10 m Baumwollstoff lila-grau gestreift (4 Stück 10 x 10 cm)
- Mini-Perlen Farbe 2010 und 0352
- Stricknadeln mit Kopf Stärke 4,5 und 2,5

So geht's:

- Schlagen Sie mit der Wolle „Angel" und den Stricknadeln Stärke 4,5 70 Maschen an.

- Stricken Sie im Bündchenmuster (2 M re, 2 M li) und an den Seiten Randmaschen.
- Fertigen Sie so ca. 120 cm Schal.
- Danach arbeiten Sie mit dem Baumwollgarn und den Stricknadeln Stärke 2,5 weiter.
- Stricken Sie auch hier immer am Ende und Anfang Randmaschen.
- In der 1. Reihe stricken Sie rechts.
- In der 2. Reihe stricken Sie 1 Rm, 3 M re, 62 M li, 3 M re und 1Rm.
- Wiederholen Sie die 1. und 2. Reihe noch viermal, so dass Sie jetzt insgesamt 10 Reihen gestrickt haben.
- In der 11. Reihe stricken Sie 1 Rm, 3 M re, 62 M li, 3 M re und 1 Rm.
- In der 12. Reihe stricken Sie nur rechte Maschen.
- 13. Reihe wie 11. Reihe.
- 14. Reihe wie 11. Reihe.
- Ab der 15. Reihe wiederholen Sie die 1. und 2. Reihe noch zehnmal. Insgesamt müssten Sie jetzt 34 Reihen gestrickt haben.
- Ketten Sie die Maschen ab und nähen Sie Anfang und Ende des Schals zusammen, so dass Sie einen Loop erhalten.
- Fertigen Sie aus dem Baumwollstoff zwei Schmuckanhänger (Seite 120) mit der Schablone Nr. 2, setzen Sie keinen Festonstich auf die Naht.
- Verzieren Sie die Schmuckanhänger mit Perlen und häkeln Sie aus dem Baumwollgarn Häkelketten an die Schmuckanhänger.
- Nähen Sie die Schmuckwebbänder von Hand auf den grau gestrickten Teil des Loops und nähen Sie an deren Enden jeweils die Häkelkette der Schmuckanhänger fest.

Nadeltasche für Häkelnadeln

Größe 16,5 x 25 cm
Stickereigröße 6,5 x 10,5 cm im Petit Point
Stickmuster Seite 148

Sie benötigen:
• 0,10 m Leinen beige und Stickgarn
• 0,20 m Baumwollstoff rosa-beige kariert
• 0,10 m Baumwollstoff Blütenranke natur-rot
• 0,20 m Baumwollstoff Uni natur
• 0,40 m Baumwollstoff Rosenstrauß natur-rot
• 0,50 m Baumwollstoff Blockstreifen natur-rot
• 0,45 m Schmuckwebband Blätteranke antik-rot
• 0,20 m Klöppelspitze „Greta" haut
• 0,20 m Klöppelspitze „Luisa" grüngrau
• 2 Knöpfe Schmetterling klein und mittel
• 0,20 m Vlieseinlage
• 0,20 m dickes Volumenvlies zum Aufbügeln
• Etwas Satinband creme
• Mini-Perlen Farbe 1866

Zuschnitt inkl. 0,75 cm Nahtzugabe pro Seite:
• Leinen: 9 x 14 cm (A)
• Baumwollstoff Blütenranke: 9 x 2,5 cm (B), 2 Stück 15 x 2,5 cm (C)
• Baumwollstoff rosa-beige kariert: 2 Stück 5 x 15 cm (D), 18 x 6,5 cm (E), 18 x 8,5 cm (F) und 18 x 27 cm (G)
• Baumwollstoff Uni: 52 x 18 cm (H)
• Baumwollstoff Rosenstrauß: 18 x 36 cm (I)
• Baumwollstoff Blockstreifen: 18 x 48 cm (J)

So geht's:
• Sticken Sie das Stickmuster im Petit Point mittig leicht nach oben versetzt auf das Leinen.
• Nähen Sie die Zuschnitte (A)- (G) laut Bild 1 zusammen (Außenteil)und nähen Sie die Bänder auf. Achtung, zwischen Zuschnitt (F) und (G) wird etwas Schmuckwebband als Fähnchen eingenäht.
• Bügeln Sie das Volumenvlies hinter das Außenteil.
• Falten Sie den Zuschnitt (I) links auf links, so dass er eine Größe von 18 x 18 cm hat.
• Nähen Sie die Bänder unterhalb des Stoffbruches auf.
• Den Zuschnitt (J) falten Sie ebenfalls aufeinander, Größe 18 x 24 cm.
• Legen Sie nun beide gefalteten Stoffe auf den Zuschnitt (H).
• Nähen Sie die Stoffe in der Mitte fest (Taschenaufteilung), so dass das Innenteil fertig ist (Bild 2).
• Bügeln Sie die Vlieseinlage hinter das Innenteil.
• Legen Sie das Außenteil rechts auf rechts auf das Innenteil und nähen Sie es rundherum zusammen, lassen Sie eine Wendeöffnung frei (Bild 3).
• Schneiden Sie die Nahtzugabe in den Ecken zurück und wenden Sie den Häkelnadelbehälter.
• Schließen Sie die Wendeöffnung.
• Steppen Sie das Teil rundherum füßchenbreit ab.
• Nähen Sie innen die Knöpfe auf und verbinden Sie sie mit dem Satinband.
• Verzieren Sie die Stickerei mit den Perlen.

Nadeltasche für Stricknadeln

Größe 23 x 41 cm
Stickereigröße 14 x 21 cm im Kreuzstich
Stickmuster Seite 148

Sie benötigen:
• 0,20 m Leinen beige und Stickgarn
• 0,25 m Baumwollstoff rosa-beige kariert
• 0,10 m Baumwollstoff Blütenranke natur-rot

Praktisch & schön

Wunderschön verpackt sind Strick- und Häkelnadeln in so einer detailreichen Nadeltasche.

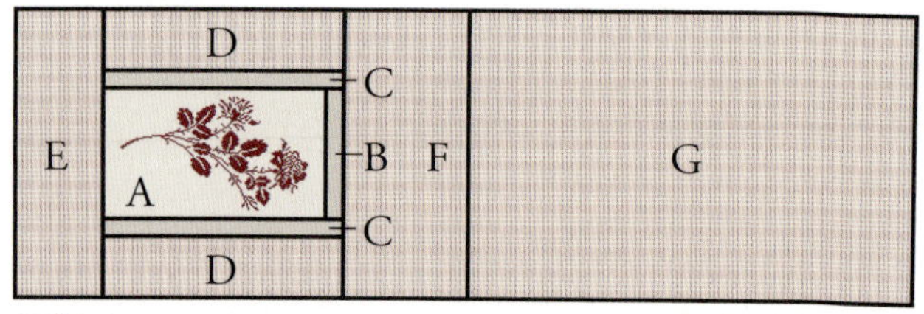

Bild 1

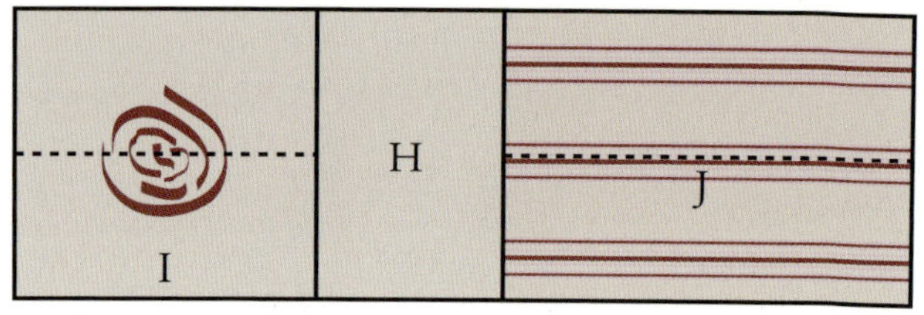

Bild 2

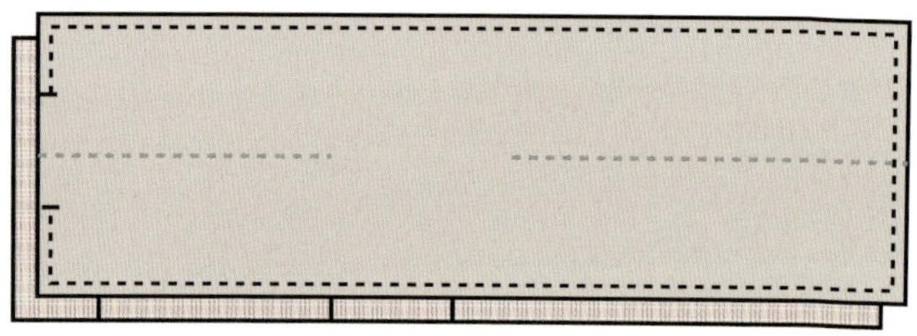
Bild 3

- 0,25 m Baumwollstoff Uni natur
- 0,40 m Baumwollstoff Rosenstrauß natur-rot
- 0,50 m Baumwollstoff Blockstreifen natur-rot
- 0,35 m Schmuckwebband Rosenranke antik-rot
- 0,25 m Schmuckwebband Blätterranke antik-rot
- 0,25 m Klöppelspitze „Frieda“ haut
- 0,25 m Klöppelspitze „Luisa“ grüngrau
- 0,25 m Vlieseinlage
- 0,25 m dickes Volumenvlies zum Aufbügeln
- 2 Knöpfe Schmetterling groß und mittel
- Etwas Satinband
- Mini-Perlen Farbe 1866

Zuschnitt inkl. 0,75 cm Nahtzugabe pro Seite:

- Leinen: 16,5 x 25 cm (A)
- Baumwollstoff Blütenranke: 16,5 x 3 cm (B), 2 Stück 26,5 x 3 cm (C)
- Baumwollstoff rosa-beige kariert: 2 Stück 4 x 26,5 cm (D), 24,5 x 11,5 cm (E), 24,5 x 7,5 cm (F) und 24,5 x 42,5 cm (G)
- Baumwollstoff Uni: 83,5 x 24,5 cm (H)
- Baumwollstoff Rosenstrauß: 24,5 x 52 cm (I)
- Baumwollstoff Blockstreifen: 24,5 x 68 cm (J)

So geht's:

- Nähen Sie die Nadeltasche für Stricknadeln nach der Anleitung Nadeltasche für Häkelnadeln (siehe oben).
- Teil I wird hier in der Mittenicht festgenäht. Es ist eine große Tasche für Rundstricknadeln.

Betörend schön

Aus praktischen Dingen etwas Besonderes machen: Diese Wohlfühlsocken gehen mit bestem Beispiel voran!

Wohlfühlsocken

Sie benötigen:

- 1 Knäuel Wolle „Baby Sock“ graubeige
- Nadelspiel Stärke 2,5
- Mini-Perlen Farbe 4222 und dünne Nadel zum Auffädeln
- 0,10 m Schmuckwebband Rosenranke antik-rot
- 0,40 m Schmuckwebband Blätterranke antik-rot

So geht's:

- Fädeln Sie 56 Perlen auf die Sockenwolle (Seite 118).
- Schlagen Sie 64 Maschen auf dem Nadelspiel an.
- 1.Runde: 6 Maschen rechts, 58 Maschen im Bündchenmuster (2 M li, 2 M re).
- 2 Runde: 6 Maschen rechts, (*) 2 M li, 1 M re, 1 M re mit Perle. Ab (*) wiederholen.
- 3. Runde: 6 M re,(*) 2 M li, 2 M re. Ab (*) wiederholen.
- 4. Runde: 6 M re,(*) 2 M li, 1 M re mit Perle, 1 M re. Ab (*) wiederholen.
- 5.- 11. Runde: 6 M re, (*) 2 M li, 2 M re. Ab (*) wiederholen.
- 12.- 14. Runde: wie 2.- 4. Runde.
- 15. und 16. Runde: 6 M re, (*) 2 M li, 2 M re. Ab (*) wiederholen.
- Ab 17. Runde: 6 M rechts, 2 M li, 27 Maschen im Tulpenmuster, 2 M li, 25 M re und 2 M li stricken. Wiederholen Sie so 6 Musterhöhen des Tulpenmusters, siehe Strickvorlage Reihe 1- 8.
- Für die Ferse stricken Sie die in der Strickvorlage gekennzeichneten Maschen glatt rechts (Hinreihe rechts, Rückreihe links) über 30 Reihen (6 cm), an den Seiten Randmaschen stricken.
- Für die Fersenkappe in der folgenden Reihe (Hinreihe) 1 Rd, 20 M re, 2 M re verschr zus-str, 1 M re stricken. Die Arbeit wenden.
- Linke Reihe: Die erste Masche abheben, 11 M li, 2 M li zus-str, 1 M li stricken. Die Arbeit wenden.
- Rechte Reihe: Die erste Masche abheben, 11 M re, 2 M re verschr zus-str, 1 M re stricken. Die Arbeit wenden.
- Wiederholen Sie nun die linke und rechte Reihe, bis Sie noch 12 Maschen haben.
- Nehmen Sie nun die Maschen wieder auf, beginnen Sie dabei an der Sockenoberseite. Achten Sie darauf, dass Sie im Muster weiter stricken (2 x Reihe 1 - 8)
- Die Randmaschen der Ferse nehmen Sie ebenfalls wieder auf.
- Da nun mehr Maschen als vorher vorhanden sind, in jeder 2. Runde am Anfang der Ferse 2 M re zus-str und am Ende der Ferse 2 M re überz zus-str, bis noch 64 Maschen übrig sind.
- Danach, für den vorderen Sockenteil, stricken Sie 2 Musterhöhen des Tulpenmusters (siehe Strickvorlage Reihe 9- 16). Die restlichen Maschen werden rechts gestrickt.
- Anschließend stricken Sie rundherum rechte Maschen bis zur Spitze, Länge ist abhängig von der Fußgröße.

Perlen in das Bündchen stricken.

Die Ferse wird in Reihen gestrickt.

Die rechte Seite der Fersenkappe.

Die linke Seite der Fersenkappe.

Die Randmaschen werden aufgenommen.

Für die Spitze werden Maschen zusammengestrickt.

Die fertige Bandspitze.

Für die sogenannte Bandspitze:

- Das Band der Spitze ist 4 Maschen breit.
- Legen Sie die 32 Maschen der Sockenoberseite auf die 1. und 2. Nadel und die 32 Maschen der Unterseite auf die 3. und 4. Nadel.
- Die Maschen vor dem Band jeweils mit der ersten Masche des Bandes rechts zus-str, die Masche nach dem Band mit der letzten Masche des Bandes rechts überz zus-str.
- Wiederholen Sie diesen Ablauf sechsmal in jeder 2. Runde.
- Danach in jeder Runde die Maschen abnehmen bis nur noch 8 Maschen übrig sind. Diese mit dem Fadenende zusammen ziehen.
- Vernähen Sie alle Fadenenden.
- Nähen Sie nun auf der Außenseite (6 rechte Maschen) die Schmuckwebbänder auf.
- Fertigen Sie den linken Socken gegengleich.

Strickmuster

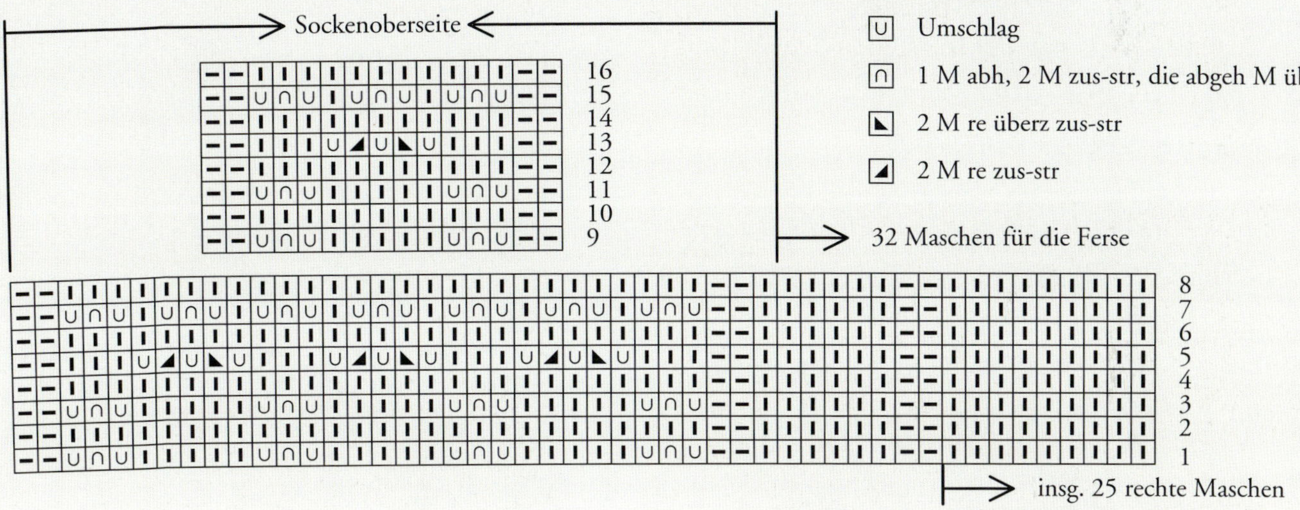

I Rechte Masche

– Linke Masche

U Umschlag

∩ 1 M abh, 2 M zus-str, die abgeh M überz

◣ 2 M re überz zus-str

◢ 2 M re zus-str

Rosenreigen

Zum Verlieben schön:
Rosen, Perlen, Häkelblüten.

Techniken: Schmuckanhänger • plastische Häkelblüte • Perlensticken

Rotes Collier

Länge 45 cm

Sie benötigen:

- 34 Muschelkugeln rot
- Mini-Perlen Farben 1866, 1085 und 4222
- Glaswachsperlen sandfarben
- Perlgarn Farbe 831, 896 und 969
- 0,25 m Schmuckwebband Rosenranke antik-rot
- Füllwatte
- Magnetverschluss mit Endkapseln
- Häkelnadel Stärke 1,5

So geht's:

- Häkeln Sie zwei plastische Häkelblumen (Seite 131) mit jeweils 2 Blattreihen.
- Verzieren Sie diese mittig mit Perlen und stärken Sie diese mit Wäschestärke.
- Fertigen Sie aus dem Schmuckwebband drei Schmuckanhänger laut der Anleitung von Seite 102 an.
- Verzieren Sie diese laut Abbildung mit den Mini-Perlen (Seite 118).
- Fädeln Sie nun die roten Kugeln, die Perlen, die Schmuckanhänger und die Häkelblüten auf reißfestes Perlgarn.
- Verknoten Sie die Fadenenden.
- Kleben Sie die Knoten mit 2 Komponentenkleber in die Endkapseln.
- Hängen Sie diese an dem Magnetverschluss ein.

Anziehend

Ein Accessoire zum Verlieben sind die Armstulpen mit zartem Spitzenbesatz.

Rote Armstulpen

Länge 23 cm

Sie benötigen:
- 1 Knäuel Baumwollgarn „Petra 8" kieselgrau und rot
- Mini-Perlen Farbe 1865 und 1085
- Glaswachsperlen sandfarben
- 0,10 m Schmuckwebband Rosenranke antik-rot
- 0,35 m Schmuckwebband Blätterranke antik-rot
- Nadelspiel Stärke 2
- Häkelnadel Stärke 1,5

So geht's:
- Schlagen Sie auf dem Nadelspiel 75 Maschen an.
- Stricken Sie das unten ersichtliche Strickmuster über 15 cm. Wiederholen Sie dabei immer die Reihe 1- 4. In der letzten Reihe nehmen Sie eine Masche hinzu (insg. 76 Maschen).
- Stricken Sie nun 4 cm im Bündchenmuster (2 M re, 2 M li) und ketten Sie die Maschen anschließend locker ab.
- Häkeln Sie auf die Strickmaschen das unten abgebildete Häkelmuster. Die Musterwiederholung ist in der Häkelvorlage farblich abgesetzt.

- Anschließend vernähen Sie alle Fäden.
- Auf die glatt rechts gestrickte Stulpenmitte nähen Sie das Schmuckwebband vorsichtig auf, dabei die Stulpen leicht in die Breite dehnen um ein Wellen des Bandes beim Tragen zu vermeiden. Das Schmuckwebband Blätterranke am Stulpenrand ca. 1,5 cm zur Schlaufe nähen.
- Die Stulpen mit Perlen verzieren.
- Die Häkelborte vorsichtig in Form dämpfen.

Häkelvorlage

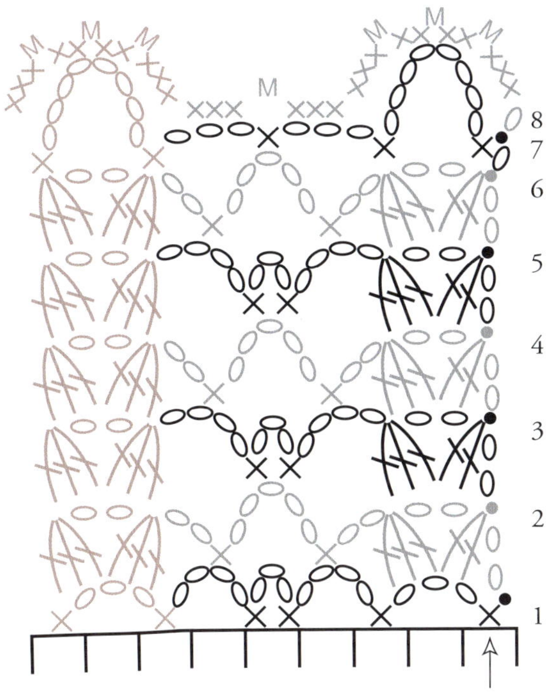

Luftmasche

feste Masche

3 Stäbchen zusammen abmaschen

M Mausezähnchen

Beginn

Kettmasche

Strickmasche

Strickmuster

∧	∧	U	I	U	I	U	I	U	∧	∧	I	I	–	–	I	I	I	I	I	I	I	I	I	I	I	I	–	–	I	I	4
I	I	I	I	I	I	I	I	I	I	I	I	I	–	–	I	I	I	I	I	I	I	I	I	I	I	I	–	–	I	I	3
I	I	I	I	I	I	I	I	I	I	I	I	I	–	–	I	I	I	I	I	I	I	I	I	I	I	I	–	–	I	I	2
I	I	I	I	I	I	I	I	I	I	I	I	I	–	–	I	I	I	I	I	I	I	I	I	I	I	I	–	–	I	I	1

5 x

I Rechte Masche

– Linke Masche

U Umschlag

∧ 2 M li zus-str

Kunst zum Nachmachen

Aus einem gestickten Ornament wird in der Vollendung ein kleines Kunstwerk. Perlen und Häkelbommel machen aus dem textilen Quadrat einen extravaganten Halsschmuck.

Rote Ornament-Kette

Größe 5,5 x 5,5 cm
Stickereigröße 5 x 5 cm im Petit Point
Stickmuster Seite 145

Sie benötigen:

- 0,15 m Leinen beige (2 Stück 15 x 15 cm)
- Stickgarn
- Perlgarn Farbe 896 und 831
- Mini-Perlen Farbe 1865 und Glaswachsperlen sandfarben
- Häkelnadel Stärke 1,25
- Füllwatte

So geht's:

- Sticken Sie das Stickmuster im Petit Point auf das Leinen.
- Nähen Sie aus der Stickerei und dem Leinen für die Rückseite ein 5,5 x 5,5 cm (Fertigmaß) großes Kissen und füllen Sie es locker mit Füllwatte.

Achtung: Lassen Sie unten mittig die Wendeöffnung frei.

- Häkeln Sie 5 Bommel (3 rote Bommel und 2 beigefarbene Bommel) (Seite 126).
- Häkeln Sie an zwei rote Bommel jeweils eine 1,5 cm lange Luftmaschenkette und an einen Bommel eine 2,5 cm lange Kette.
- Füllen Sie die Bommel mit kleinen Metallkügelchen.
- Führen Sie die Luftmaschenketten der Bommel in die Wendeöffnung und nähen Sie diese beim Schließen der Wendeöffnung mit fest.
- Verbinden Sie die zwei beigefarbenen Bommel mit einer 80 cm langen Häkelkette aus Luft- (1. Reihe) und festen Maschen (2. Reihe) (Seite 128).
- Nähen Sie Perlenschlaufen, zum Auffädeln der Kette, mit reißfestem Garn an den Anhänger. Achten Sie darauf, dass Sie beim Annähen der Schlaufen die Kette mit einnähen, da dies nachher wegen der Bommel nicht mehr möglich ist.
- Verzieren Sie den Anhänger mit Perlen.
- Verknoten Sie die Kettenenden auf Ihre gewünschte Länge, so dass die Bommel in unterschiedlichen Längen am Rücken hängen.

Auch diese Stickerei können Sie zu einem kunstvollen Schmuckanhänger verarbeiten. (Stickmuster Seite 147)

Zarte Spitze

Ein prachtvolles Stück ist dieser ausgefallene Schulterwärmer mit hauchzarter Strickspitze.

Liebevoll umgarnt

Schulterwärmer

Sie benötigen:
- 4 Knäuel Wolle „Carmen“ rot
- 1 Knäuel Wolle „Angel“ creme
- 1 Knäuel Wolle „Angel“ rot
- Rundstricknadel Stärke 10, 40 und 60 cm lang
- Rundstricknadel Stärke 5, 60 cm lang
- Häkelnadel Stärke 2,5

So geht's:
- Sie beginnen den Schulterwärmer am Kragen.
- Schlagen Sie auf der 40 cm langen Rundstricknadel 60 Maschen an und stricken Sie in Runden über 30 cm im Bündchenmuster (2 M re, 2 M li).
- Die nächsten 5 Runden stricken Sie glatt rechts und danach eine Runde links.
- In der nächsten Runde wechseln Sie auf die 60 cm langen Rundstricknadeln.
- (*) Stricken Sie eine Reihe rechts wobei Sie regelmäßig verteilt 10 Maschen rechts verschränkt aus dem Querfaden aufnehmen (Seite 138).
- Jetzt 4 Runden glatt rechts und 1 Reihe links stricken.
- Ab (*) viermal wiederholen, so dass Sie 110 Maschen haben.
- Abschließend nochmal eine Reihe rechts stricken.
- Nehmen Sie nun die Rundstricknadel Stärke 5 (60 cm lang) zur Hand und stricken Sie mit der roten Wolle „Angel“ 6 Maschen (rechts, links im Wechsel) aus einer Masche der Vorreihe, so dass Sie anschließend 660 Maschen haben.
- Nun 6 Reihen glatt rechts stricken und anschließend abketten.
- Nehmen Sie nun die cremefarbene Wolle zur Hand.
- Von der linken Seite des Schals, aus der letzten rechten Reihe, nehmen Sie aus jeder Masche mit Hilfe der Häkelnadel je 4 Maschen (1 M re, 1 U, 1 M re, 1 U) auf die Stricknadel.
- Stricken Sie 3 Reihen glatt rechts und anschließend das Strickmuster (Reihe 1 - 12 wiederholen sich).
- Ketten Sie die Maschen laut Skizze mit der Häkelnadel ab.
- Wiederholen Sie dies, bis Sie alle Maschen abgemascht haben.
- Vernähen Sie alle Fäden.
- Dämpfen Sie die Spitze vorsichtig in Form.

Strickmuster

I	I	I	I	I	I	I	I	18
I	I	U	∩	U	I	I	I	17
I	I	I	I	I	I	I	I	16
I	U	◢	I	◣	U	I	I	15
I	I	I	I	I	I	I	I	14
U	◢	I	I	I	◣	U	I	13
I	I	I	◇	I	I	I	−	2
◢	I	U	◇	U	I	◣	−	1

- I Rechte Masche
- − Linke Masche
- U Umschlag
- ∩ 1 M abh, 2 M zus-str, die abgeh M überz
- ◣ 2 M re überz zus-str
- ◢ 2 M re zus-str
- ◇ 1 M re verschr

Häkelskizze

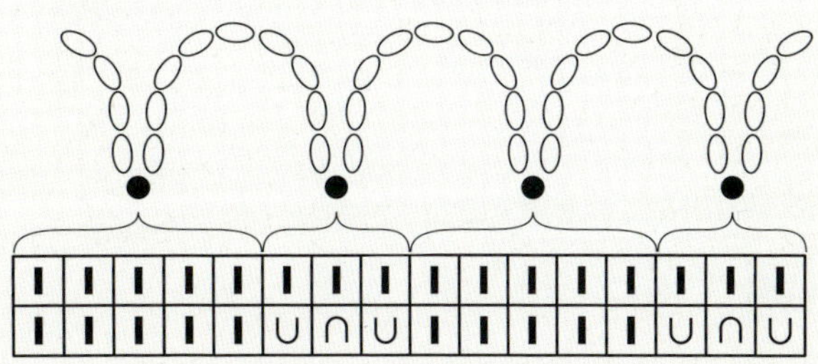

Kleine Rose

Eine gewebte Rose ziert den Mini-Schmuckanhänger an diesem Armband.

Rosen-Armband

Länge 19 cm

Sie benötigen

- 0,20 m Schmuckwebband Blätterranke antik-rot
- 0,20 m Schmuckwebband Mein Engel antik-rot
- 0,20 m Schleifenband „Scoubidou" creme
- 0,20 m Samtband creme
- Mini-Perlen Farbe 0429 und 4222
- Knopflochgarn Farbe 199
- 0,05 m Schmuckwebband Rosenranke antik-rot
- Baumwollstoffrest 5 x 5 cm
- Füllwatte
- Armbandverschluss

So geht's:

- Fertigen Sie das Armband laut Anleitung Blütenarmband von Seite 30 an.
- Arbeiten Sie anstelle der Häkelblüte einen Schmuckanhänger laut Grundanleitung Seite 120.
- Verzieren Sie den Festonstichrand (Seite 122) und den Schmuckanhänger mit Perlen.
- Hängen Sie den Anhänger in die Öse des Verschlusses ein.

Elegant unterwegs

Ein charmanter Reisebegleiter ist diese zeitlos schöne Tasche. Sie bietet ein geräumiges Innenleben, wo auch ein Laptop einen perfekten Platz findet.

Gesegnete Ostern

Feine Details

Die Tasche hat viel zu bieten:
Blüten im Kreuzstich, eleganten
Streifenlook und verspielte Details.

Umhängetasche

Größe 37 x 30 cm
Stickereigröße 20 x 26 cm
Stickmuster Seite 142
Schablone Nr. 4 Seite 151 und Nr. 5 Seite 150

Sie benötigen:

- 0,30 m Leinen beige
- Stickgarn
- 0,15 m Baumwollstoff Blockstreifen natur-grau
- 0,55 m Baumwollstoff Uni grau
- 0,40 m Baumwollstoff creme-beige gestreift 2 mm
- 0,25 m Baumwollstoff Rosenstrauß creme-grau
- 0,40 m Baumwollstoff Rosenbouquet beige-grau
- 0,10 m Baumwollstoff Picknick in Rosen creme-grau
- 0,15 m Baumwollstoff Uni natur
- 0,35 m Schmuckwebband Rosenranke antik-blau
- 0,35 m Schmuckwebband Blätterranke antik-blau
- 0,20 m Schmuckwebband Noten grau-grau
- 0,15 m Klöppelspitze „Luisa“ grüngrau
- 0,10 m Klöppelspitze „Greta“ creme
- 0,20 m Ripsband „Dolce“ graublau 10 mm
- 0,15 m Schleifenband „Nashville“ graubeige
- 0,40 m Paspel
- 1,00 m dickes Volumenvlies zum Aufbügeln
- Bedruckbarer Stoff Twill
- 2 Holzringe
- Metallverschluss
- Reißverschluss 18 cm lang
- Mini-Perlen Farbe 1865

Zuschnitt (inkl. 0,75 cm Nahtzugabe pro Seite):

- Leinen: 27,5 x 21,5 cm (A), 9 x 9 cm (am Träger)
- Baumwollstoff Uni natur: 12,5 x 21,5 cm (B), 12 x 5,5 cm (Verschluss)
- Baumwollstoff Blockstreifen natur-grau: 18 x 12,5 cm (C, Tasche) und 38,5 x 4 cm (D)
- Baumwollstoff Uni grau: 38,5 x 7 cm (E), 38,5 x 7,5 cm (F), 2 Stück 100 x 8 cm (Seitenteile) und 2 Stück 150 x 7,5 cm (Träger)
- Baumwollstoff creme-beige gestreift: 23,5 x 38,5 cm (G), 2 Stück 40 x 30 cm (I)
- Baumwollstoff Rosenstrauß creme-grau: 21 x 21 cm (H, Tasche)
- Baumwollstoff Rosenbouquet beige-grau: 38,5 x 57,5 cm (Innenteil), 38,5 x 30 cm (Innentasche)
- Baumwollstoff Picknick in Rosen: 2 Stück 10 x 10 cm (Lasche)

So geht's:

- Sticken Sie das Stickmuster mittig im Kreuzstich auf das Leinen.
- Nähen Sie die Zuschnitte (A)- (H) nach Bild 1 zusammen, achten Sie dabei darauf, dass Sie die Bänder und Schlaufen mit festnähen. Zuschnitt (C) wird als Tasche auf Zuschnitt (B) genäht. Zuschnitt (H) wird mit dem Reißverschluss aufgenäht.
- Bügeln Sie Volumenvlies hinter das gesamte Teil.
- Setzen Sie die Schablone Nr. 4 an den Bruchkanten zusammen, übertragen Sie sie auf das gepatchte Teil und schneiden Sie es mit 0,75 cm Nahtzugabe aus (Außenteil) (Bild 2).
- Säumen Sie den Zuschnitt-Innentasche an einer langen Seite 2,5 cm breit und nähen Sie die Tasche auf den Innenteil-Zuschnitt (Bild 3).
- Übertragen Sie auch hier die zusammengesetzte Schablone Nr. 4 und schneiden Sie das Innenteil mit 0,75 cm Nahtzugabe aus (Innenteil) (Bild 4).
- Legen Sie die Laschen-Zuschnitte rechts auf rechts, übertragen Sie die Schablone Nr. 5 und nähen Sie die Stofflagen entlang der Rundung zusammen. Wenden Sie die Lasche und bügeln Sie sie gut (Bild 5).
- Setzen Sie die Schablone Nr. 4 an der Bruchkante zusammen und übertragen Sie sie zweimal auf die Zuschnitte (I), hinter einen Zuschnitt wird Volumenvlies gebügelt.
- Schneiden Sie sie mit 0,75 cm Nahtzugabe rundherum aus.
- Legen Sie die Teile (I) rechts auf rechts, legen Sie die

Lasche dazwischen und nähen Sie die Stofflagen oben zusammen (Bild 6).

• Bügeln Sie das Volumenvlies hinter einen Seitenteil-Zuschnitt (Bild 7).

• Nähen Sie die Seitenteile bis zur Mittelnaht an die Teile (I) (Bild 8).

• Die überstehenden Enden der Seitenteile legen Sie aufeinander und nähen diese außen und oben zusammen (Bild 9).

• Legen Sie das Außen- und das Innenteil rechts auf rechts und nähen Sie es an einer Rundung (nur bis zur Mitte) zusammen. Achten Sie darauf, dass die Teile richtig übereinander liegen (Stickerei über Innenteil ohne Tasche) und dass Sie die Schlaufe des Metallverschlusses mit festnähen (Bild 10).

• Klappen Sie das Teil auseinander und nähen Sie die Seitenteile an. (Bild 11).

• Wenden Sie die Tasche und schließen Sie die Wendeöffnung.

• Ziehen Sie die Holzringe durch die überstehenden Seitenteile, bilden Sie eine Schlaufe und nähen Sie diese gut fest (Bild 12).

• Drucken Sie das Engelmotiv (Seite 152) auf den bedruckbaren Stoff (Seite 111).

• Nähen Sie das Motiv von Hand auf das Leinenstück für den Träger und nähen Sie es mit dem Leinen zwischen einen Träger-Zuschnitt.

• Bügeln Sie das Volumenvlies hinter beide Träger-Zuschnitte.

• Legen Sie die Träger-Zuschnitte rechts auf rechts und nähen Sie die Lagen an den langen Seiten zusammen.

• Wenden Sie den Träger, bügeln Sie ihn gut und steppen Sie die langen Seiten füßchenbreit ab (Bild 13).

• Führen Sie die Trägerenden durch die Holzringe und bilden Sie eine Schlaufe von 12 cm.

• Nähen Sie diese gut fest und verdecken Sie die Naht mit dem grauen Ripsband.

• Verzieren Sie die Tasche mit den Mini-Perlen.

• Abschließend bügeln Sie die Tasche.

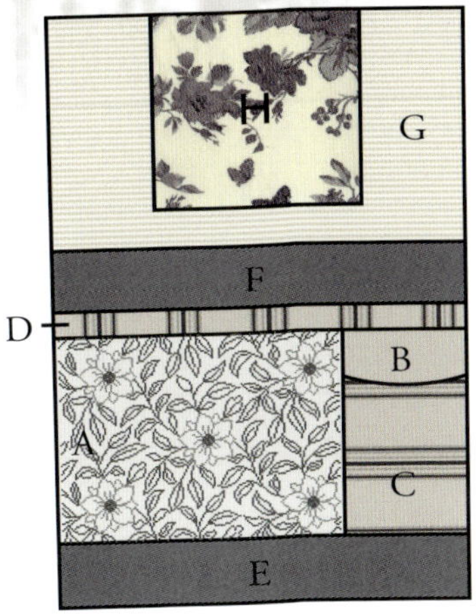

Bild 1

Bild 2

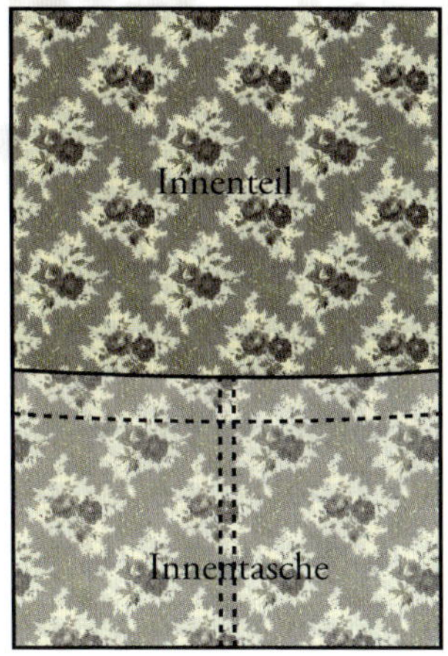

Bild 3

Bild 4

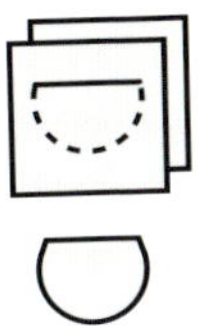
Bild 5

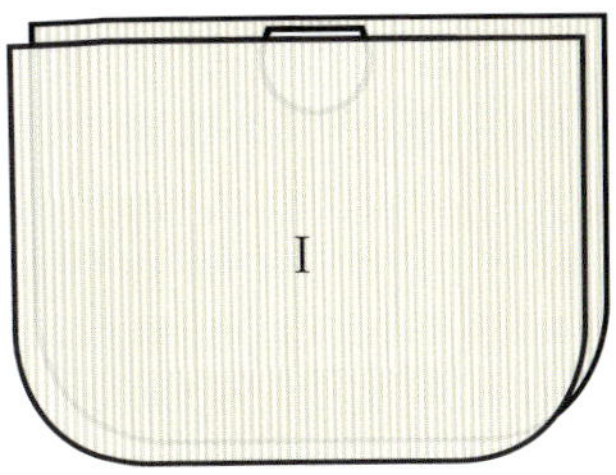

Bild 6

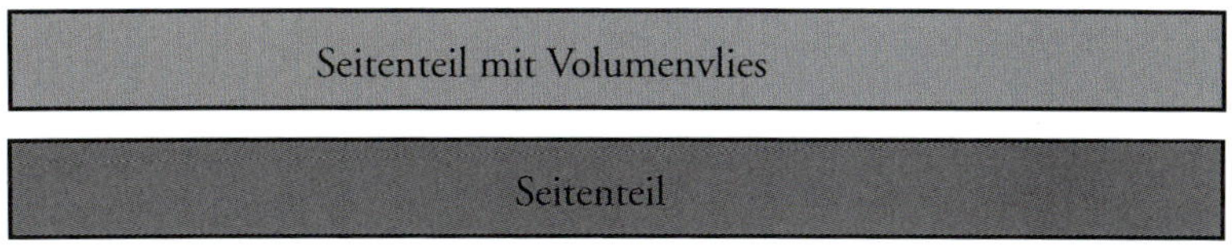

Bild 7

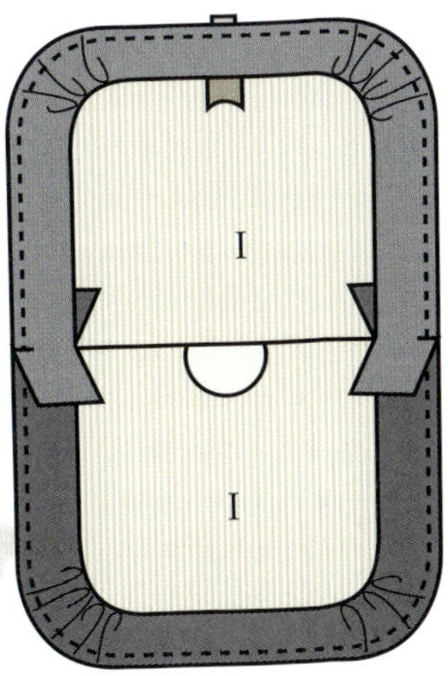

Bild 8

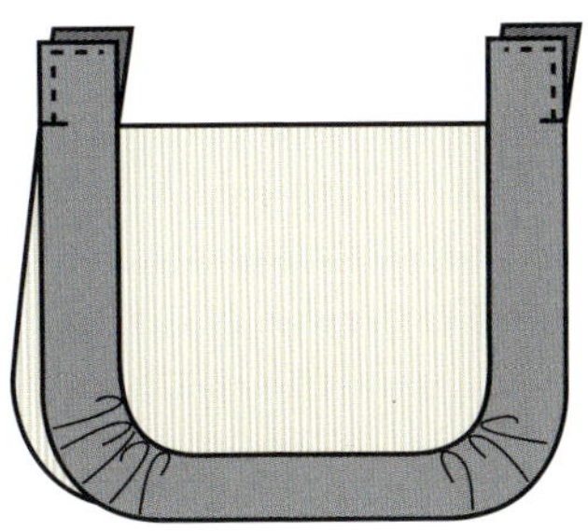
Bild 9

Bild 10

Bild 11

Bild 12

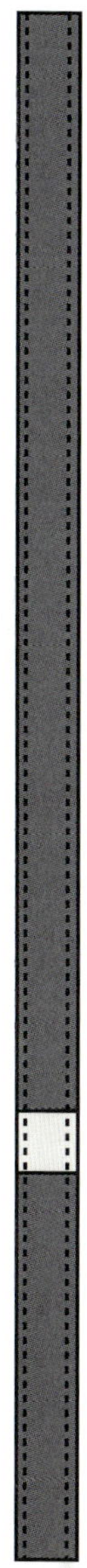
Bild 13

Zart & schön

Dieses hauchzart gestrickte Schultertuch
schenkt seiner Trägerin eine sanfte Umarmung.

Schultertuch

Sie benötigen:

- 2 Knäuel Wolle „Angel“ kieselgrau
- Schnellstricknadeln Stärke 5
- Baumwollgarn „Petra 8“ kieselgrau
- Stricknadeln Stärke 3,5
- Häkelnadel Stärke 2,5

Für die plastischen Blüten:

- Perlgarn Farbe 831, 387 und 242
- 0,05 m Baumwollstoff creme-beige gestreift (2 Stück 13 x 3,5 cm)
- 0,10 m Schmuckwebband Rosenknospe grau-creme

So geht's:

Kurz vorweg: Sie beginnen das Tuch von der Schulterlinie aus zu stricken.

- Schlagen Sie 5 Maschen an.
- Stricken Sie die nächste Reihe links.
- Beginnen Sie nun mit der Strickvorlage. Die geraden Reihen werden alle links gestrickt. Die erste und die letzte Masche sind für die Randmaschen.
Pro ungerade Reihe nehmen Sie 4 Maschen dazu. Stricken Sie nach diesem Schema weiter bis Sie pro Seite 140 rechte Maschen haben.
- Sie haben jetzt insgesamt 293 Maschen auf der Nadel.
- Nehmen Sie das Baumwollgarn zur Hand und die Stricknadeln Stärke 3,5.
- Verdoppeln Sie die Maschenanzahl, indem Sie eine Masche rechts und danach einen Umschlag stricken.
- Die Rückreihe wird links gestrickt.
- Verdoppeln Sie in der nächsten Reihe nochmal die Maschenanzahl.
- Die Rückreihe wieder links stricken.
- Nun im Muster weiter arbeiten, d.h. 1 Randmasche, 12 M re, 1 Umschlag, dann rechte Maschen bis zur Mittelmasche. Vor und hinter diese je einen Umschlag arbeiten. Danach wieder rechte Maschen bis 13 Maschen vor dem Ende, da einen Umschlag, 12 re M und die Randmasche stricken. Rückreihe wieder links. Stricken Sie noch 9 weitere Reihen
- In der nächsten Hinreihe nehmen Sie eine Häkelnadel Stärke 2,5 zur Hand, nehmen 4 Maschen auf und stricken diese mit einer Kettmasche zusammen. Danach häkeln Sie 6 Luftmaschen. Wiederholen Sie diese Prozedur bis Sie alle Maschen zusammengefasst haben.
- Vernähen Sie alle Fäden und dämpfen Sie das Dreiecktuch vorsichtig.
- Für die Blüten häkeln Sie aus dem Perlgarn sechs einreihige plastische Blüten (Seite 131).
- Häkeln Sie je zwei Blütenstiele 100 und 30 Luftmaschen lang.

Strickmuster

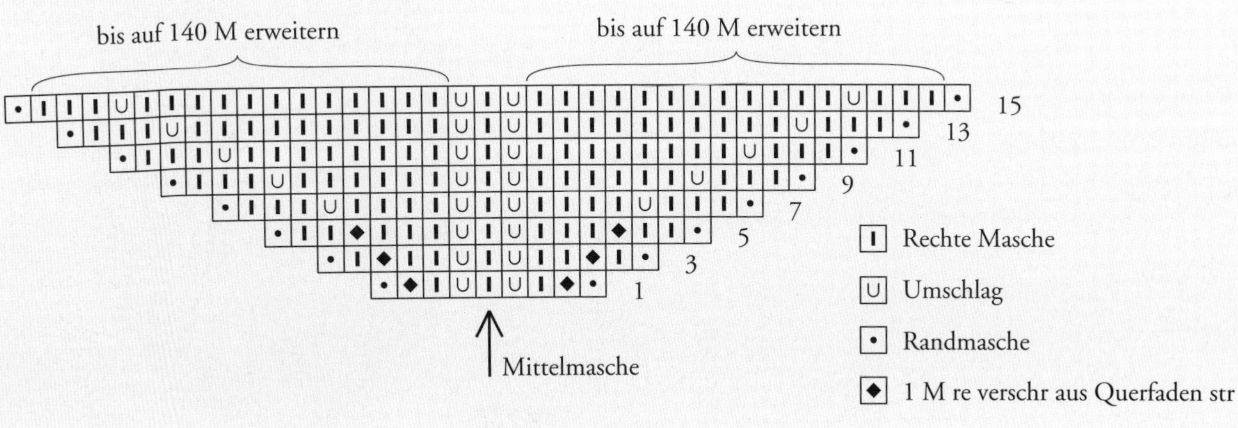

• Knoten Sie auf den längeren Stiel eine Blüte, fädeln Sie das Ende durch die Randmasche am Ende des Wollgarnes und knoten Sie an das Ende auch eine Blüte.
• Umwickeln Sie die Blütenstiele mit einem Baumwollstoffstreifen (wie bei der Walzen-Technik Seite 116), legen Sie am Ende das Schmuckwebband dazwischen und nähen Sie die Walze fest.
• Die andere Blütengruppe an der andere Seite des Tuches anbringen.

Nostalgische Welt

Zwischen betagten Handarbeits-Erbstücken und feinen Bändern, Garnen und Stoffen entstehen die textilen Kunstwerke von Eva-Maria Maier.

Lange Armstulpen

Länge 47 cm

Sie benötigen:

- 1 Knäuel Wolle „Angel" kieselgrau
- Nadelspiel Stärke 5 und 4
- Baumwollgarn „Petra 8" kieselgrau
- Nadelspiel Stärke 3,5 und Häkelnadel Stärke 2,5
- Braunes elastisches Samtband (Länge zweimal Handgelenk-umfang)
- Perlgarn Farbe 831, 387 und 242
- 0,10 m Schmuckwebband Rosenknospe grau-creme

So geht's:

- Schlagen Sie 36 Maschen auf dem Nadelspiel Stärke 5 an und schließen Sie sie zu einer Runde.
- Im Bündchenmuster (2 M re, 2 M li) über 4 cm stricken.
- Danach im Grundmuster (glatt rechts) 35 cm stricken.
- Stricken Sie mit Nadelspiel Stärke 4 im Bundmuster (2 M re, 2 M li) 6 cm.
- Nun eine Lochreihe stricken. Dazu wiederholen Sie: 1 Umschlag und 2 Maschen rechts zusammen stricken.
- Danach 3 cm Grundmuster (glatt rechts) stricken.
- Anschließend mit dem Baumwollgarn und dem Nadelspiel 3,5 alle Maschen über eine Runde verdoppeln. Dazu 1 rechte Masche und 1 Umschlag stricken.
- In der folgenden Reihe alle Maschen rechts stricken.
- Danach wieder alle Maschen über eine Runde verdoppeln (1 M re, 1 U).
- In den folgenden 9 Runden wird glatt rechts gestrickt.
- Für den Häkelbogenabschluss nehmen Sie auf die Häkelnadel 4 Maschen welche Sie zusammen abmaschen. Anschließend 6 Luftmaschen häkeln und wieder 4 Maschen abmaschen und so weiter.
- Vernähen Sie alle Fäden.
- Etwas Samtband (Länge des Handgelenkumfanges) durch die Lochreihe fädeln und die Enden zusammennähen.
- Erstellen Sie mit dem Perlgarn je drei einreihige plastische Häkelblüten mit unterschiedlich langen Blütenstielen (2 cm, 5 cm und 7 cm).
- Legen Sie das Schmuckwebband doppelt gefaltet über die Nahtstelle des Samtbandes und nähen Sie das Band mit den Blütenstielen aufeinander.

Pure Eleganz

Blütenzart und leicht umhüllt die Stulpe den Arm fast bis zur Schulter.

Passt perfekt

Absolut romantisch darf man sich mit dem zum Schultertuch passenden Rock mit zartestem Spitzenbesatz fühlen.

Strickrock

Größe 36/ 38 (40/ 42)

Sie benötigen:

- 2 Knäuel Wolle „Angel" kieselgrau
- Wolle „Angel" beige
- Baumwollgarn „Petra 8" kieselgrau
- schwarzes Gummiband 4 cm breit für den Bund
- Rundstricknadel 60 cm lang Stärke 5 und 3,5
- Häkelnadel Stärke 2,5

So geht's:

- Schlagen Sie 140 (148) Maschen mit der Rundstricknadel in Stärke 5 an.
- Arbeiten Sie 10 cm in Runden im Bündchenmuster (2 M re, 2 M li).
- Die nächsten Runden werden im Grundmuster glatt rechts gestrickt, wobei Sie in der ersten Runde eine (zwei) Masche(n) verteilt aufnehmen, so dass Sie 141 (150) Maschen haben.
- Stricken Sie 36 cm
- Nun arbeiten Sie eine Lochreihe wie folgt: (*)1 M re, 2 M re zus-str, 1 Umschlag. Ab (*) rundherum wiederholen.
- Danach stricken Sie 5 Runden glatt rechts.
- Anschließend mit dem Baumwollgarn und dem Nadelspiel 3,5 alle Maschen über eine Runde verdoppeln. Dazu 1 rechte Masche und 1 Umschlag stricken.
- In der folgenden Reihe alle Maschen rechts stricken.
- Danach wieder alle Maschen über eine Runde verdoppeln (1 M re, 1 U).
- In den folgenden 9 Runden wird glatt rechts gestrickt.
- Für den Häkelbogenabschluss nehmen Sie auf die Häkelnadel 4 Maschen welche Sie zusammen abmaschen. Anschließend 6 Luftmaschen häkeln und wieder 4 Maschen abmaschen und so weiter.
- Fassen Sie auf der Innenseite des Rockes in der vorletzten Wollgarnreihe, mit Hilfe einer Häkelnadel und dem beigefarbenem Wollgarn, erneut die Maschen auf (141 oder 150).
- Stricken Sie nun 5 Runden glatt rechts mit der Rundstricknadel Stärke 5. Nehmen Sie dabei verteilt in der 1. Runde 11 (10) Maschen auf, so dass Sie 152 (160) Maschen haben.
- Arbeiten Sie nach dem Strickmuster, wobei die Reihe 1 - 2 wiederholt werden, bis Reihe 18.
- Ketten Sie die Maschen mit der Häkelnadel ab, wie in der Anleitung Schulterwärmer auf Seite 68 beschrieben ist.
- Schlagen Sie den Bund um die Hälfte nach innen und nähen Sie ihn per Hand locker fest, lassen Sie eine kleine Öffnung für das Gummiband frei.
- Führen Sie das Gummiband durch den Tunnel und nähen Sie die Enden zu einem Kreis zusammen.
- Vernähen Sie alle Fäden.
- Dämpfen Sie den Rock vorsichtig in Form.

Strickmuster

I	I	I	I	I	I	I	I	24
I	I	U	∩	U	I	I	I	23
I	I	I	I	I	I	I	I	22
I	U	◢	I	◣	U	I	I	21
I	I	I	I	I	I	I	I	20
U	◢	I	I	I	◣	U	I	19
I	I	I	◇	I	I	I	−	2
◢	I	U	◇	U	I	◣	−	1

- I Rechte Masche
- − Linke Masche
- U Umschlag
- ∩ 1 M abh, 2 M zus-str, die abgeh M überz
- ◣ 2 M re überz zus-str
- ◢ 2 M re zus-str
- ◇ 1 M re verschr

Blütenreich

Blütentasche

Größe 30 x 25 cm
Schablone Nr. 6 und 7 Seite 150

Sie benötigen:
- 0,20 m Baumwollstoff Blütenkaro creme-beige
- 0,10 m Leinenstoff graubraun
- 0,20 m Baumwollstoff Uni natur
- 0,20 m Baumwollstoff creme-beige kariert 2 mm
- 0,20 m Baumwollstoff Streifenornament natur-creme
- 0,35 m Schmuckwebband Rosenknospe grau-creme
- 0,10 m Dekoband
- 0,20 m Decovil light
- 0,10 m Vlieseinlage
- 0,20 m Volumenvlies zum Aufbügeln
- Karabinerhaken
- Schmuckdruckknopf
- Perlgarn Farbe 387 (2x), 242 (2x) und 831
- Füllwatte
- Pinzette
- Häkelnadel Stärke 1,5

Zuschnitt (inkl. 1 cm Nahtzugabe):
- Leinenstoff graubraun: 4 Stück 25 x 8 cm
- Baumwollstoff Uni natur: 90 x 17 cm (Außenteil)
- Baumwollstoff creme-beige kariert: 90 x 17 cm (Futter), 20 x 20 cm (Boden Futter)
- Baumwollstoff Streifenornament: 20 x 20 cm (Boden Außenteil)

So geht's:
- Falten Sie den Baumwollstoff Blütenkaro rechts auf rechts und übertragen Sie die Schablone Nr. 6 zweimal (Bild 1).
- Nähen Sie die Stofflagen entlang der Rundung zusammen (Bild 2) und schneiden Sie die Teile mit Nahtzugabe aus.
- Schneiden Sie die Nahzugabe in den Rundungen ein.
- Wenden Sie die Griffe.
- Füllen Sie sie am besten von beiden Seiten fest mit Füllwatte.
- Schneiden Sie das Schmuckwebband in vier 8 cm lange Stücke (Schlaufen).
- Bügeln Sie die Vlieseinlage hinter zwei der Leinenstoff-Zuschnitte (Außenteil).
- Nähen Sie den Griff und zwei der Schmuckwebband-Schlaufen zwischen zwei Leinenstoff-Zuschnitte (verstärkt und nicht verstärkt zusammen) (Bild 3).
- Falten Sie die Teile auseinander und legen Sie sie danach rechts auf rechts aufeinander. Achten Sie darauf, dass die verstärkten Teile übereinander liegen.
- Nähen Sie die Seiten zusammen (Bild 4).
- Bügeln Sie das Volumenvlies hinter das Außenteil.
- Kräuseln Sie das Außenteil und das Futter oben und unten für den „Bauch" der Tasche (Bild 5).
- Nähen Sie die Teile jeweils als Ring zusammen.
- Bügeln Sie hinter den Zuschnitt für das Boden-Außenteil das Decovil light.
- Übertragen Sie die Schablone Nr. 7 auf das Boden-Außen- und Futterteil (Bild 6) und schneiden Sie die Kreise entlang der Linie aus (Bild 7).

• Nähen Sie nun die „Bäuche“ der Tasche rechts auf rechts auf den Boden.

• Anschließend nähen Sie den Leinenstoff mit den Griffen an die andere Seite der „Bäuche“ (verstärkte Seite an das Außenteil). Lassen Sie im Futter eine Wendeöffnung frei und nähen Sie das Dekoband mit dem Karabinerhaken mit fest (Bild 8).

• Schneiden Sie die Nahtzugabe um den Boden ein.

• Wenden Sie die Tasche und schließen Sie die Wendeöffnung.

• Steppen Sie die Taschenkante füßchenbreit ab, fixieren Sie dabei die Schlaufen aus dem Schmuckwebband.

• Häkeln Sie aus dem Perlgarn laut Grundanleitung Plastische Häkelblüte Seite 131 sieben Blüten (mit einer Blattreihe).

• Häkeln Sie fünf Häkelketten variierend von 62 cm bis 78 cm.

• Bringen Sie die Blüten an den Kettenenden an, zwei der Ketten haben an Anfang und Ende eine Blüte.

• Ziehen Sie die Blütenschnüre durch die Schlaufen der Tasche und verknoten Sie sie vorne.

• Nähen Sie den Druckknopf innen mittig an den Leinenstoff.

Bild 1

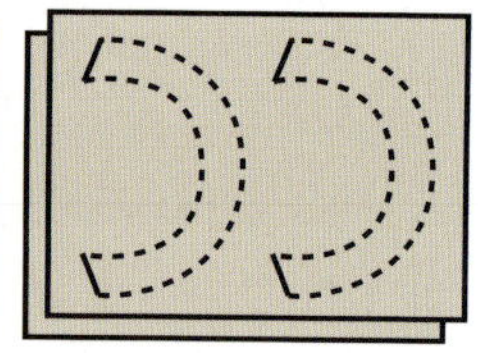

Bild 2

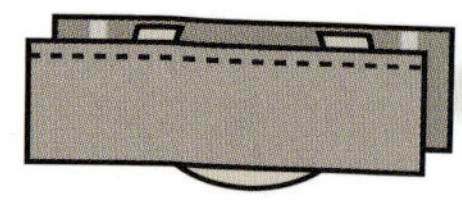

Bild 3

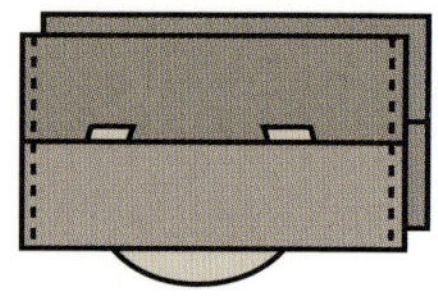

Bild 4

Bild 5

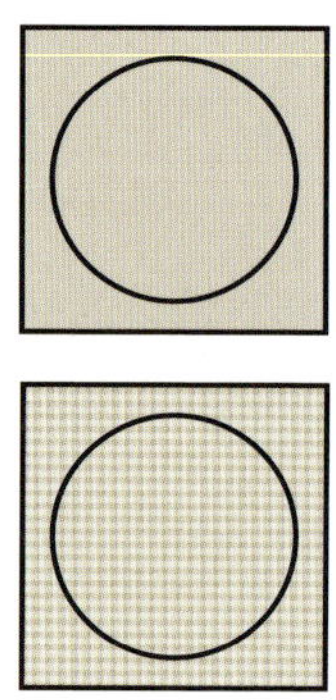

Bild 6

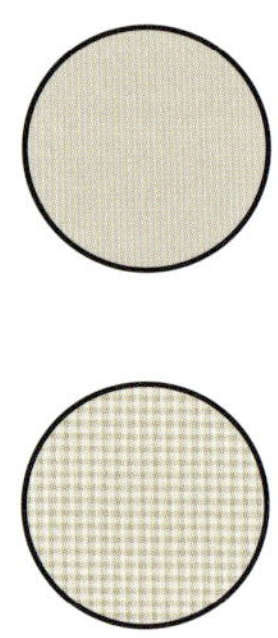

Bild 7

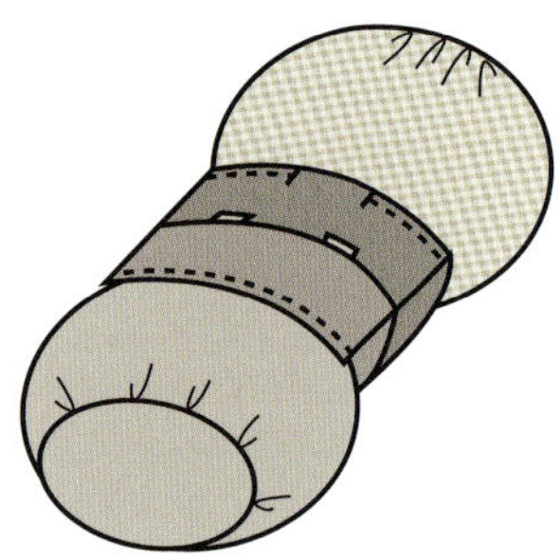

Bild 8

Kuschelig

Viel Platz zum Kuscheln bietet dieser Poncho. Extravagant: Das Band mit Tasche!

Poncho

Einheitsgröße

Sie benötigen:

- 18 Knäuel Wolle „Carmen" grau
- Rundstricknadel Stärke 10
- Nadelspiel Stärke 10

So geht's:

Vorweg sei gesagt, dass das Dornröschenmuster, welches hier gestrickt wird, auf der linken Seite erscheint.

- Für das Rückenteil schlagen Sie 76 Maschen auf der Rundstricknadel an, Sie stricken 7 Reihen im Bündchenmuster (2 M re, 2 M li).
- In der 8. Reihe stricken Sie rechte Maschen, dabei verteilt 19 Maschen aufnehmen (95 Maschen).
- Beginnen Sie nun mit dem Muster: Die ungeraden Reihen werden von rechts nach links gelesen, die geraden von links nach rechts.
- Stricken Sie nach diesem Schema 43 cm.
- Für den Schlitz ketten Sie bei den 7 rechten Maschen (Vorderseite) 5 Maschen ab.
- In der Rückreihe schlagen Sie dort 5 Maschen neu an.
- Stricken Sie 4 weitere Reihen nach dem Muster, danach stricken Sie wieder einen Schlitz in den rechts gestrickten Teil.
- Diesen Doppelschlitz wiederholen Sie bei 58 cm.
- Stricken Sie insgesamt 66 cm, danach legen Sie die mittleren 8 Maschen für den Halsausschnitt still (stillegen= auf einer großen Sicherheitsnadel oder einem Faden festhalten).
- In den folgenden Reihen (immer noch im Muster stricken) ketten Sie an der Seite des Halsausschnittes immer zwei Maschen ab, bis Sie noch 16 Maschen auf der Nadel haben, diese ketten Sie ab. Sie stricken erst die eine Seite des Halsausschnittes, dann die andere.
- Arbeiten Sie das Vorderteil gegengleich, das heißt den Musterteil erst siebenmal, dann dreizehnmal wiederholen.
- Arbeiten Sie auch Schlitze in die rechten Maschen und fangen Sie schon nach 62 cm mit dem Halsausschnitt an. Für den Kragen nähen Sie die Schulternähte zusammen.
- Nehmen Sie die die vorne stillgelegten Maschen auf und nehmen Sie aus dem Randmaschen des Halsausschnittes 16 Maschen auf. Dann nehmen Sie die hinteren 8 Maschen auf und aus der anderen Seite des Halsausschnittes nehmen Sie auch 16 Maschen auf, so dass Sie 48 Maschen haben.

- Nun arbeiten Sie über 10 Runden 2 M re, 1 M li.
- Danach nehmen Sie nach in linken Rippe eine Masche links verschränkt auf, so dass Sie 64 Maschen haben.

Strickmuster

4	•	I	I	I	–	–	I	I	I	I	I	I	I	–	–	I	I	I	•	
	•	I	I	I	∀	A	–	–	–	–	–	–	–	∀	A	I	I	I	•	3
2	•	I	I	I	–	–	I	I	I	I	I	I	I	–	–	I	I	I	•	
	•	I	I	I	A	∀	–	–	–	–	–	–	–	A	∀	I	I	I	•	1

7 x (columns 5–6) 13 x (columns 14–15)

- Stricken Sie 2 M re und 2 M li über 18 Runden.
- Anschließend nehmen Sie wieder zwischen den linken Maschen eine links verschränkte Masche hinzu, so dass Sie 80 Maschen haben.
- Stricken Sie weiter 2 M re und 3 M li über 24 Runden.
- Nun 1 Runde rechts stricken, die 2. Runde im Dornröschenmuster stricken.
- Dann wieder eine Runde rechts und in der nächsten Runde die 3. Reihe des Dornröschenmusters stricken.
- Abschließend eine Runde rechts stricken und abketten.
- Schließen Sie die Seitennähte des Ponchos mit einem Matratzenstich, lassen Sie 22 cm frei für die Armöffnung.
- Vernähen Sie alle Fäden.

Samtband für den Poncho

Stickereigröße 4,5 x 10 cm im Petit Point
Stickmuster Seite 144
Schablone Nr. 8 und Nr. 9 Seite 151

Sie benötigen:

- 0,20 m Leinen beige und Stickgarn
- 0,30 m Baumwollstoff Uni hellblau (35 x 30 cm)
- 0,10 m Baumwollstoff für das Herz
- 2,10 m Samtband hellgrau (110 cm und 100 cm)
- 1,10 m Schmuckwebband Blätterranke antik-blau
- 0,30 m Ripsband „Dolce“ graublau
- 0,30 m Klöppelspitze „Greta“ graublau
- Perlgarn Farbe 400, 398 und 976

- Druckknöpfe
- Mini-Perlen Farbe 1865
- Füllwatte
- Häkelnadel Stärke 1,5

So geht's

- Falten Sie das Baumwollstück aufeinander, so dass es 30 x 17,5 cm groß ist.
- Übertragen Sie die Schablone Nr. 8 zweimal, legen Sie dabei die gerade Kante der Schablone an den Stoffbruch. Geben Sie Nahtzugabe hinzu.
- Schneiden Sie die zwei Teile aus, legen Sie die Teile rechts auf rechts und nähen Sie sie rundherum zusammen, lassen Sie unten eine Wendeöffnung frei.
- Schneiden Sie die Nahtzugabe in den Rundungen regelmäßig ein.
- Wenden Sie das Teil und schließen Sie die Wendeöffnung.
- Stecken Sie das Futter in das Außenteil, so dass ein kleines Täschchen entsteht.
- Nähen Sie an die Kante des Täschchens das Ripsband (Anfang und Ende stoßen vorne gegeneinander) und die Klöppelspitze, achten Sie darauf, dass Sie auf der Rückseite etwas Satinband als Schlaufe mit festnähen.
- Befestigen Sie von innen einen Druckknopf.
- Häkeln Sie aus dem Perlgarn 3 große Häkelkugeln (Seite 127) ohne Luftmaschenkette.
- Häkeln Sie aus einer anderen Farbe eine 35 cm lange Luftmaschenkette mit Kettmaschen, welche Sie an eine Häkelkugel nähen.
- Ziehen Sie die Häkelkette durch das Ripsband und nähen Sie an das Ende eine weitere Häkelkugel.
- Nähen Sie auf das längere Samtband mittig das Schmuckwebband auf.
- Schlagen Sie den Anfang und das Ende des Bandes 5 cm nach innen ein.
- Nähen Sie das 100 cm lange Stück passend dagegen, wobei Sie unten die Schlaufe des Täschchens einhängen. Die Schnittkanten des Samtbandes werden 2,5 cm eingeschlagen, so dass oben und unten 2,5 cm offen bleiben.
- Nähen Sie nach 25 cm die Stickerei von Hand bündig auf das Samtband (Nahtzugabe nach innen einschlagen).
- Verzieren Sie die Stickerei mit Perlen.
- Fertigen Sie ein kleines Herz mit der Schablone Nr. 9.
- Häkeln Sie nochmals eine 22 cm lange Häkelkette (Luftmaschen und Kettmaschen) und nähen Sie diese an dem Herz fest.
- Führen Sie die Häkelkette durch die freie Schlaufe des Samtbandes und nähen Sie die dritte Kugel am Ende fest.
- Verknoten Sie die Kette.
- Ziehen Sie nun das fertige Taschenband durch die Schlitze des Ponchos und bringen Sie auf der Schulternaht einen Druckknopf an, so dass das Band nicht verrutschen kann.

Tipp: Bei schlechtem Wetter können Sie den Schalkragen als Kapuze tragen.

Feines Fadenwerk

Mit viel Liebe und feinen Fäden entstehen Schmuckstücke und Herzensdinge, von denen wir einfach nicht genug haben können.

Raffiniert

Hier kommt die gute alte Strickliesel wieder zum Einsatz.
Das harmonische Farbenspiel der Wolle und ein raffinierter
Verschluss sind das Geheimnis dieser eleganten Kette.

Stricklieselkette

Länge 60 cm

Sie benötigen:
- Wolle „Angel" creme, beige und kieselgrau
- 0,05 m Baumwollstoff Uni natur (2 Streifen 18 x 5 cm)
- 0,05 m Schmuckwebband Rosenranke antik-petrol
- 0,05 m Satinband „Eloise" hellblau-beige
- 0,05 m Samtband grau-braun
- Perlgarn Farbe 393
- Häkelnadel Stärke 1,25

So geht's:
- Stricken Sie 6 Stricklieselketten (2 x creme, 1 x beige, 3 x kieselgrau) in den Längen zwischen 54 cm und 64 cm.
- Häkeln Sie einen kleinen Bommel wie folgt:
- 2 Lm anschlagen und in die erste Lm 6 fM arbeiten.
- In offenen Runden weiter häkeln, jede feste Masche verdoppeln bis auf 20 Maschen.
- Darüber eine Runde feste Maschen häkeln.
- Anschließend nur in jeder 2. festen Masche der Vorreihe eine feste Masche häkeln, bis noch 4 Maschen übrig sind.
- 10 Lm häkeln (Kette) in der Rückreihe Kettmaschen häkeln.
- Für die Schlaufe: 30 Lm anschlagen, ab der 10. Luftmasche Kettmaschen bis zum Anfang häkeln.
- Fertigen Sie aus dem Baumwollstreifen eine Walze (Seite 116). Achtung: Nähen Sie dabei die Anfänge des Bommels und der Stricklieselketten mit fest. Anschließend wickeln Sie die Walze wie gehabt, dabei die Bänder nicht vergessen.
- Arbeiten Sie nach dem gleichen Prinzip aus dem anderen Baumwollstreifen eine weitere Walzen. Hierbei nähen Sie den Bommel und die Stricklieselenden mit fest.

Blüten-Engel

Wohl behütet fühlt man sich mit diesem hübschen Blüten-Engel-Collier.

Blüten-Engel-Collier

Größe 5 x 7 cm
Kettenlänge 40 cm

Sie benötigen:

- Baumwollstoff Blütenkaro creme-beige (10 x 10 cm)
- Bedruckbarer Stoff Popeline
- Knopflochgarn Farbe 169
- Perlgarn Farbe 387, 831 und 393
- Mini-Perlen Farbe 0169
- Füllwatte
- Pinzette
- Häkelnadel Stärke 1,5 und 0,75

So geht's:

- Fertigen Sie aus dem Baumwollstoff und dem Engelmotiv (Seite 152) einen Schmuckanhänger (Seite 111). Der Schmuckanhänger wird locker mit Füllwatte gefüllt.
- Fassen Sie die Naht rundherum mit einem Festonstich ein.
- Häkeln Sie nun von der Rückseite rundherum in jeden 3. Festonstich 1 fM und 4 Lm (Luftmaschenbogen).
- Wenden Sie die Arbeit.
- Häkeln Sie folgend auf die Luftmaschenbögen im Wechsel 5 fM (1. Bogen) und 1 fM, 1 Lm, 3 Stb, 1 Lm, 1 fM (2. Bogen).
- Fertigen Sie oben mittig eine Schlaufe für die Kette (Seite 122).
- Verzieren Sie den Anhänger mit den Perlen.
- Häkeln Sie aus dem Perlgarn zwei plastische Häkelblüten (Seite 131).
- Die Blüten verbinden Sie mit einer Kette aus 40 Luftmaschen. Achten Sie darauf, dass Sie die Kette durch die Schlaufe des Anhängers führen.
- Für die Kette fertigen Sie aus 22 Lm, die Sie zu einem Kreis schließen, eine Schlaufe.
- Häkeln Sie fortführend eine Luftmaschenkette (Länge je nach Halsumfang) und arbeiten Sie an das Ende eine zweite gleichgroße Schlaufe (Seite 128).
- Häkeln Sie nun zur Verstärkung Kettmaschen auf die Luftmaschenreihe bis zur Anfangsschlaufe.
- Vernähen Sie alle Fadenenden.
- Stärken Sie die Blüten.

Blaues Rosen-Collier

Länge 45 cm

Sie benötigen:

- 1,30 m Schmuckwebband Rosenranke antik-petrol (ca. 8 cm pro Anhänger)
- Baumwollgarn „Petra 8" grau
- Perlgarn Farbe 387
- Häkelnadel Stärke 1,0
- Mini-Perlen Farbe 0457, 0594 und 0305
- Perlen bronze dunkel
- Füllwatte

So geht's:

• Für den Blütenverschluss:

1. Reihe: 14 Lm zu einem Ring häkeln und in diesen Ring 24 feste Maschen häkeln.
2. Reihe: In jede 2. Masche eine feste Masche und danach 2 Luftmaschen häkeln (12 Bögen).
3. Reihe: In jeden Luftmaschenbogen der Vorreihe ein Blatt aus 1 fM, 1 Lm, 2 Stb, 1 Lm und 1 fM häkeln (1. Blattreihe).
4. Reihe: Häkeln Sie sechsmal an der Rückseite der Blüte 1 Stb und 4 Lm. Das Stäbchen dabei um jede 2. feste Masche der 2. Reihe häkeln (6 Bögen).
5. Reihe: Nun von der Vorderseite in jeden Luftmaschenbogen ein Blatt aus 1 fM, 1 Lm, 2 Stb, 1 DStb, 2 Stb, 1 Lm und 1 fM häkeln (2. Blattreihe).
6. Reihe: Wieder auf der Rückseite Bögen häkeln, indem um die noch freien Stege der 2. Reihe 1 Stb und 5 Lm häkeln (versetzte Blattreihe).
7. Reihe: Wieder Blätter in jeden Maschenbogen häkeln 1 fM, 1 Lm, 3 Stb, 1 DStb, 3 Stb, 1 Lm, 1 fM (3. Blattreihe versetzt).

- Verzieren Sie die Blüte mit den Perlen und stärken Sie sie.

• Für den Bommel:

1. Schlagen Sie 2 Lm an.
2. In die erste Lm häkeln Sie 6 fM.
3. Verdoppeln Sie die Maschenzahl auf 12 und häkeln Sie so 3 Runden.
4. Nehmen Sie nun die Maschen wieder ab, indem Sie nur auf jede 2. Masche der Vorrunde eine fM häkeln (bis 4 Maschen übrig sind).
5. Füllen Sie den Bommel mit Füllwatte und schließen Sie die Öffnung.

Zauberhaft

Einfach zauberhaft wie sich die Minikissen zu einem Collier aneinanderreihen. Der Clou ist der Verschluss in Form einer dekorativen Häkelblüte.

• *Für die Schmuckanhänger aus Schmuckwebband:*

1. Schneiden Sie sechszehnmal 8 cm Schmuckwebband zu (auf das Motiv achten).

2. Falten Sie das Stück rechts auf rechts und nähen Sie es mit der Nähmaschine mit einem dichten Stich zusammen. Schneiden Sie die Ecken der Nahtzugabe zurück.

3. Wenden Sie das Band auf rechts.

4. Nähen Sie per Hand die offenen Seiten bis auf eine Wendeöffnung mit feinen Stichen zusammen.

5. Füllen Sie die Schmuckanhänger sehr fest mit Füllwatte und schließen Sie die Öffnung.

6. Verzieren Sie die Anhänger an den unteren Ecken mit Perlen.

• Fädeln Sie nun die Einzelteile der Kette auf reißfestes Perlgarn und nähen Sie den Blütenverschluss mit Bommel an die Kettenenden.

von Wichtigkeit. Wie ſchon
dadurch nur dicht gemacht,
es Ausſehen verliehen. Um
können, muß die Appretur
n Hanffaſern ſehr ſchwer
dies nur durch Mikroſkop
Glanzes wegen leicht zu
erſuchung nur mit Seide
Glanz und
81
4. Merkmale
a) Echte

Gut zu Fuß

Maßgefertigt sind diese schönen Socken. Das eingestrickte Muster und die hübschen Perlenverzierungen machen aus ihnen besondere Einzelstücke.

Herzlichen Glückwunsch
zum Geburtstage!

Gemusterte Socken

Sie benötigen:

- 1 Knäuel Wolle „Baby Sock“ lila
- 1 Knäuel Wolle „Baby Sock“ grau
- Nadelspiel Stärke 2,5
- Perlen Farbe 0352

So geht's:

- Ziehen Sie 32 Perlen auf die Wolle, wie Sie das am besten machen lesen Sie in der Anleitung Perlensticken auf Seite 118.
- Schlagen Sie 64 Maschen mit der lilafarbenen Wolle an.
- Stricken Sie die ersten 9 Runden rechts.
- 10. Runde: * 2 M re zus-str, 1 Umschlag. Ab (*) wiederholen.
- 11. Runde: (*) 1 re M mit Perle auf die zusammengestrickten Maschen der Vorreihe, 1 M re ohne Perle auf den Umschlag der Vorreihe. Ab (*) wiederholen.
- Danach 3 cm rechts stricken.
- Beginnen Sie nun mit dem Stricken des Musters.
- Nach dem Muster noch 2,5 cm in lila stricken.
- Anschließend stricken Sie die Streifen, 4 Runden grau, (*) 4 Runden lila, 4 Runden grau. Ab (*) noch einmal wiederholen.
- Stricken Sie nun die Ferse in dem grauem Garn wie bei den Wohlfühlsocken Seite 55 beschrieben. Achtung: Wenn Sie die Sockenoberseite und die aufgenommenen Randmaschen stricken, achten Sie auf den weiteren Streifenverlauf.
- Stricken Sie die Socken auf die gewünschte Fußlänge, danach stricken Sie die Spitze wie in der Sockenanleitung Seite 57 beschrieben.
- Vernähen Sie alle Fäden.
- Falten Sie das Bündchen an der Lochreihe nach innen und nähen Sie es locker fest, achten Sie aber darauf, dass das Bündchen noch gedehnt werden kann, um über die Ferse zu passen.

Strickmuster

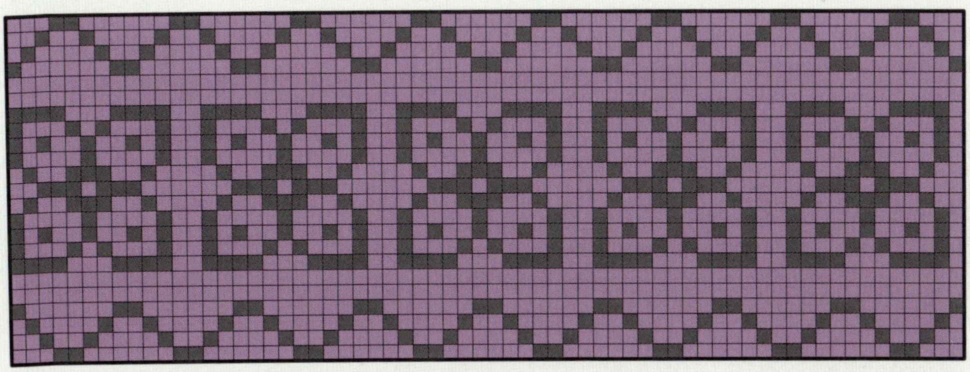

Himmlisch romantisch

Dieser bezaubernde Engelanhänger an einer langen Strickliesel-kette ist ein himmlischer Begleiter zu einer schlichten Garderobe. Die Perlen und die feine Häkelborte verleihen ihm trotz seiner Größe eine filigrane Note.

Rosa Engelkette

Größe Ø 7 cm

Sie benötigen:

- 0,10 m Schmuckwebband Beerenranke brombeergrau
- 0,10 m Baumwollstoff für die Rückseite (10 x 10 cm)
- 0,05 m Baumwollstoff Uni natur (15 x 5 cm)
- Leinengarn „Scarlet" rosa
- Bedruckbarer Stoff Popeline
- Knopflochgarn Farbe 199
- Mini-Perlen Farbe 2247 und 1867
- Decovil light (10 x 10 cm)
- Füllwatte
- Pinzette
- Häkelnadel Stärke 0,75

So geht's:

- Drucken Sie das Engelmotiv (Seite 152) auf den bedruckbaren Stoff (Seite 111) und fertigen Sie mit dem Baumwollstoff für die Rückseite einen Schmuckanhänger in der Größe des Engelmotives (Seite 120). Achtung: Füllen Sie ihn noch nicht mit Füllwatte, sondern schneiden Sie aus dem Decovil light einen Kreis aus, der im Radius 1,5 mm schmaler ist als das Engelmotiv.
- Rollen Sie den Kreis zusammen und führen Sie ihn durch die Wendeöffnung des Anhängers.
- Breiten Sie ihn mittels einer Pinzette im inneren des Anhänger glatt aus.
- Befüllen Sie den Anhänger locker beidseitig des Decovils mit Füllwatte.
- Schließen Sie die Wendeöffnung und fassen Sie die Naht rundherum mit Festonstichen ein.
- Häkeln Sie nun von der Rückseite rundherum in jeden 3. Festonstich 1 fM und 4 Lm (Luftmaschenbogen).
- Wenden Sie die Arbeit.

- Häkeln Sie folgend auf die Luftmaschenbögen im Wechsel 5 fM (1. Bogen) und 2 fM, 1 Mausezähnchen, 2 fM (2. Bogen).
- Fertigen Sie oben mittig eine Schlaufe für die Kette.
- Verzieren Sie den Anhänger mit den Mini-Perlen und stärken Sie den Häkelrand.
- Arbeiten Sie aus dem Leinengarn eine 100 cm lange Stricklieselkette und führen Sie diese durch die Anhängerschlaufe.
- Verbinden Sie die Enden mittels einer Stoffwalze aus dem unifarbenen Baumwollstoff, dazu wird die Walze um die Enden der Kette gerollt.
- Verzieren Sie die Walze mit dem Schmuckwebband.

Stickleinen
Das von uns verwendete Leinen ist ein in Kette und Schuss gleichmäßiges Gewebe, d. h., die gestickten Kreuze werden quadratisch. Das Leinen misst 12 Fäden pro Zentimeter. Leinen ist ein Naturmaterial, das beim ersten Waschen einläuft. Berücksichtigen Sie dies für die Weiterverarbeitung der Stickerei. Das in diesem Buch verarbeitete Leinen ist von der Weberei Weddigen.

Stoffe
Es werden Baumwoll-und Leinenstoffe verwendet. Sie werden mit Bändern ergänzt, untereinander kombiniert und so zu schönen Kompositionen erschaffen. Es ist natürlich möglich, unsere Ideen mit anderen Stoffen zu ergänzen oder neu zu gestalten.
Beachten Sie beim Verarbeiten unterschiedlicher Stoffe der Einlauf.

Vlieseline
Die verwendete Vlieseline ist eine dünne, naturfarbene, aufbügelbare Gewebeeinlage. Die Seite mit den Klebepunkten wird auf die linke Seite des zu verstärkenden Stoffes gelegt. Mit Dampf, Druck und der Baumwolltemperatur am Bügeleisen wird jede Stelle der Einlage vorsichtig ca. 12 Sekunden aufgebügelt. Lassen Sie die Stoffe nach dem Bügeln abkühlen.
Bis 30 Grad im Schonwaschgang waschbar.

Volumenvlies zum Aufbügeln
Das hier verwendete Vlies ist ein leicht voluminöses aufbügelbares Vlies. Die Seite mit den Klebepunkten wird auf die linke Seite des Stoffes gelegt. Mit Dampf, Druck und der Baumwolltemperatur am Bügeleisen wird jede Stelle des Vlieses vorsichtig ca. 15 Sekunden aufgebügelt. Lassen Sie die Stoffe nach dem Bügeln abkühlen. Bis 40 Grad im Schonwaschgang waschbar.

Vliesofix
Das Vliesofix besteht aus einer Klebeschicht und einer Papierschicht. Stoffe werden mittels einer Klebeschicht miteinander verbunden, z.B. bei Applikationen und den Walzen. Bis 60 Grad waschbar.

Füllwatte
Diese hochwertige Füllwatte aus Polyester wird zum Stopfen der Schmuckanhänger, Bommel und Herzen verwendet. Die Watte ist waschbar und verändert sich unmerklich.

Dekogranulat
Dieses sehr feine (1- 2 mm Körnung) Dekogranulat aus dem Floristenbedarf wird vor dem Gebrauch gewaschen und anschließend gut getrocknet. Das Granulat wird zum Füllen von Schmuckanhängern verwendet.

Textilkleber
Dieser Kleber wird verwendet um textile Accessoires auf einen Stoff zu kleben und um Schmuckwebbänder vor dem Vernähen zu fixieren. Der Textilkleber ist bis 40° C waschbar.

Stickgarn
Das Stickgarn der Firma Vaupel & Heilenbeck ist ein einfädiges , reines, unmercerisiertes Baumwollgarn.
Es ist matt, farb- und lichtecht und bis 60 °C waschbar.

Perlgarn
Dieses Garn zeichnet sich durch seinen seidigen Glanz aus. Es ist ein mercerisiertes, 2-fädiges, leicht gezwirntes Baumwollgarn. Die Bommel und Häkelblüten werden mit diesem Garn gefertigt. Bis 60 Grad waschbar.

Knopflochgarn

Das Garn besteht zu 100 % aus Polyester. Es wird zum Schließen der Walzen, zum Umnähen der Schmuckanhänger und zum Häkeln der Mausezähnchen verwendet. Bis 95 Grad waschbar.

Sticknadel

Die Sticknadel hat in der Regel keine Spitze, um die Gewebefäden nicht anzustechen. Wir empfehlen eine Nadel der Größe 24 oder 26.

Häkelnadel

Es sind Häkelnadeln mit den verschiedenen Stärken verwendet worden. Die Zahl gibt den Durchmesser des Nadelkopfes an. Je dicker das Gran umso größer muss der Nadelkopf sein.

Rundstricknadel

Die Rundstricknadel sind zwei kurze Stricknadeln, welche am Ende durch ein dünnes Nylonseil miteinander verbunden sind. Es lassen sich so einfacher „runde" Dinge stricken, wie zum Beispiel der Schulterwärmer auf Seite 68. Bei Rundstricknadeln ist zum einen die Nadelstärke variabel und zum anderen auch die Länge des Nylonseils. Die Stärke ist der Durchmesser der Nadel in Millimetern. Die Länge wird in Zentimetern angegeben.

Nadelspiel

Ein Nadelspiel besteht aus fünf Stricknadeln ohne Kopf. Mit einem Nadelspiel werden zum Beispiel Socken gestrickt oder auch Armstulpen. Dabei wird die Maschenzahl auf vier Nadeln verteilt, wobei mit der fünften Nadel die Maschen gestrickt werden.

Decovil light

Decovil light ist eine leichte, lederähnliche Vlieseinlage. Sie ist zudem reißfest, dehnstabil, sprungelastisch, knickunempfindlich und franst nicht aus. Decovil light wird für die Verarbeitung von Taschen und Gürteln sowie für viele Kreativanwendungen verwendet. Es ist bis 30 Grad im Schonwaschgang waschbar.

Vlieseinlage

Diese dünne Vlieseinlage wird zur Stabilisierung von Stoffen verwendet, die Form wird so dauerhaft erhalten. Die Vlieseinlage ist bis 60 Grad waschbar.

Bedruckbarer Stoff

Der bedruckbare Stoff ist nur für den Tintenstrahldrucker geeignet. Den Stoffbogen in den Drucker legen und das Papierformat und Sorte entsprechend dem verwendeten Fabrikat auswählen. In unserem Fall beträgt das Format 8,5 x 11 Zoll. Wichtig ist auch, dass Sie **keine Seitenanpassung** vornehmen, damit die Motive nicht verkleinert oder vergrößert werden. Jetzt die Motive auf den Stoff drucken. Nach dem Druckvorgang den Stoff gut trocknen lassen. Danach das Papier auf der Rückseite abziehen und den Stoff unter fließendes Wasser halten, bis das Wasser klar ist und keine Farbe mehr austritt. Den Stoff trocknen lassen und glatt bügeln. Jetzt können Sie den Stoff weiterverarbeiten.

Motive auf bedruckbaren Stoff drucken

Scannen Sie die Druckvorlage aus dem Buch mit einem handelsüblichen Scanner im Maßstab 1:1 (nicht verkleinern oder vergrößern!) und am besten mit 300 dpi Auflösung ein oder laden Sie die Stoffdruckvorlage von unserer Internetseite **www.acufactum.de** herunter.

Bitte beachten Sie: Farbabweichungen sind unvermeidbar, bedingt durch die verschiedenen Druckermodelle und Hersteller, sowie durch Ihre benutzerdefinierten Einstellungen im Druckmenü.

Sticken

Kreuzstich

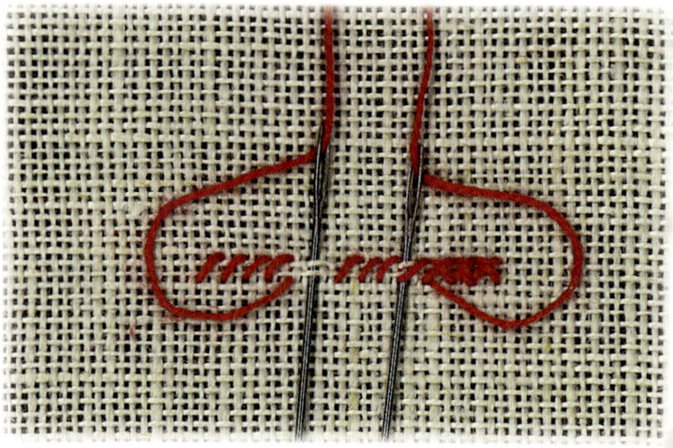

Dieser Stich wird über zwei Gewebefäden gearbeitet. Er wird in hin- und rückgehenden Reihen gestickt. In der Hinreihe werden die Grundstiche von links unten nach rechts oben über zwei Gewebefäden ausgeführt. In der Rückreihe werden die Deckstiche gesetzt. Sie werden von rechts unten nach links oben ausgeführt. Wird das Muster durch eine andere Farbe unterbrochen, wird der Zwischenraum durch einen längeren Schrägstich übergangen. Dieser sollte nicht länger als drei Kreuze sein.

Petit Point

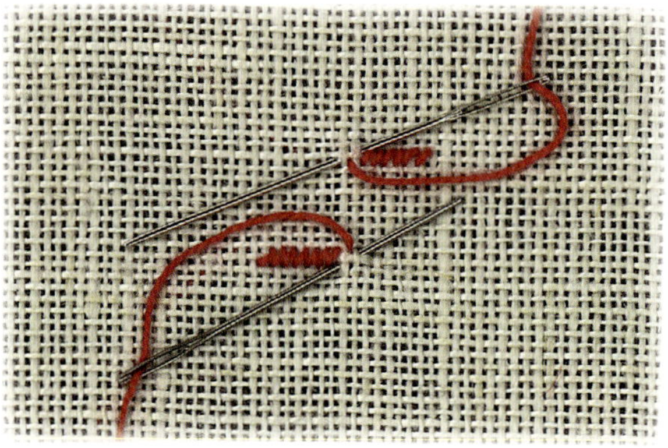

Der Stich wird auf der Vorderseite über einen Gewebefaden gestickt. Dabei wird von hinten der Faden von links unten ausgestochen und vorne nach rechts oben eingestochen. Von der Rückseite aus wird über zwei Gewebefäden wieder links unten eingestochen. Anders als beim Kreuzstich wird somit von rechts nach links gestickt. Da der Faden auf der Rückseite über zwei Gewebefäden geführt wird, ist die Stickarbeit auf der Rückseite dicker als auf der Vorderseite. Die Stickerei tritt optisch hervor. Dadurch ist der Petit Point plastisch.

Der Petit Point kann auch in umgekehrter Richtung erfolgen, wobei die Nadel auf der Vorderseite über einen Faden unten links eingestochen und auf der Rückseite über zwei Fäden oben rechts wieder ausgestochen wird.

Nähen

Materialzuschnitt

Die verwendeten Materialien werden im Vorfeld laut Angabe oder Schablonen zugeschnitten. Leinen wird fadengerade geschnitten: Ziehen Sie zur Hilfe einen Faden an gewünschter Stelle aus dem Gewebe heraus und schneiden Sie daran entlang. Baumwollstoff wird optimal auf einer Schneidematte mit dem Rollschneider geschnitten. Gestreifte Stoffe werden mit der Schere am Muster entlang geschnitten.

Zuschnitt

Die angegebenen Zuschnitte in den Anleitungen sind inklusive 0,75 cm Nahtzugabe. Folglich müssen die Zuschnitte beim Zusammennähen 0,75 cm breit abgenäht werden.

Schablonen

Die Schablonen sind, wenn nicht anders vermerkt, ohne Nahtzugabe. Geben Sie dann bei dem Zuschnitt die Nahtzugabe hinzu. Wichtig ist, dass die Teile in der Breite der Nahtzugabe abgenäht werden.

Patchwork

Beim Patchwork werden mehrere Stoffe zu einem Ganzen zusammengefügt. Es können Streifen, Quadrate, Rechtecke oder Dreiecke in beliebiger Größe zugeschnitten und in Streifen aneinander genäht werden, die wiederum zusammengenäht ein Ganzes ergeben.

Applizieren mit Vliesofix

Um ein Motiv auf einen Unterstoff zu applizieren, übertragen Sie die Schablone mit einem Bleistift seitenverkehrt auf die Papierseite des Vliesofix. Schneiden Sie das Motiv großzügig aus. Legen Sie die beschichtete Seite auf die linke Seite des Stoffs und bügeln Sie das Motiv auf. Schneiden Sie das Motiv exakt aus, ziehen Sie das Trägerpapier ab und bügeln Sie es an der gewünschten Stelle auf. Hierbei liegt die beschichtete Seite unten. Die Kanten werden ggf. mit einem Zickzackstich fixiert.

Skizzen

In den Skizzen werden Stoff-Zuschnitte mit Buchstaben und Bänder mit Zahlen gekennzeichnet.

Nähstichlänge

Zum Nähen der Schmuckanhänger eine sehr dichte Stichlänge der Nähmaschine wählen, da der Anhänger fest gestopft oder mit Granulat gefüllt wird. Zum Applizieren einen Quiltstich oder einen Zickzackstich der Nähmaschine wählen. Für die anderen Produkte wird die Stichlänge 2 gewählt.

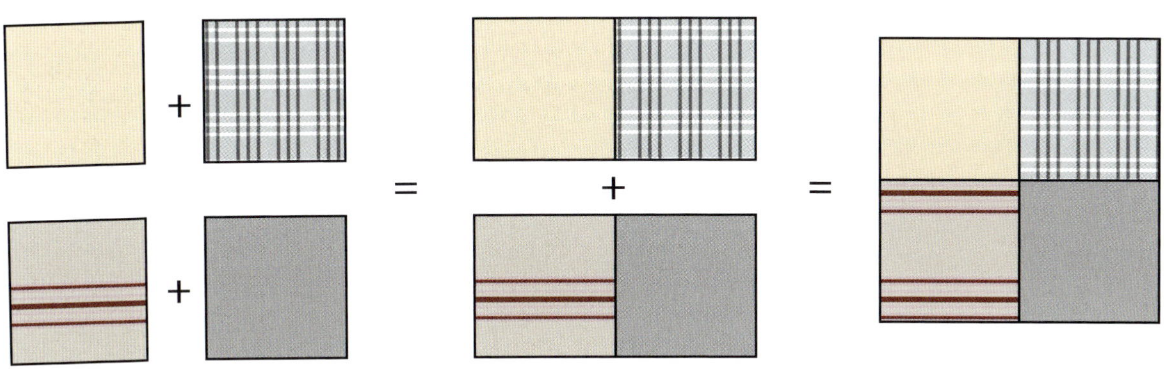

Handnäh- und Zierstiche

1) Festonstich oder Knopflochstich zum Umnähen der Schmuckanhänger
2) Hexenstich
3) Staffierstich zum Zusammennähen der Walzen.
4) Schräger Saumstich zum Zusammennähen der Walzen.
5) Matratzenstich zum Schließen von Wendeöffnungen.

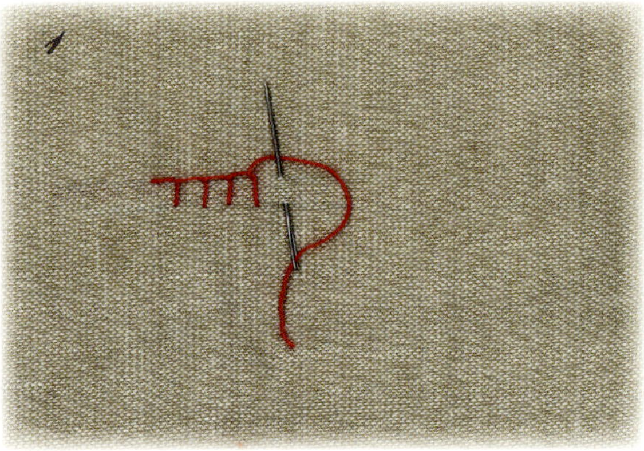

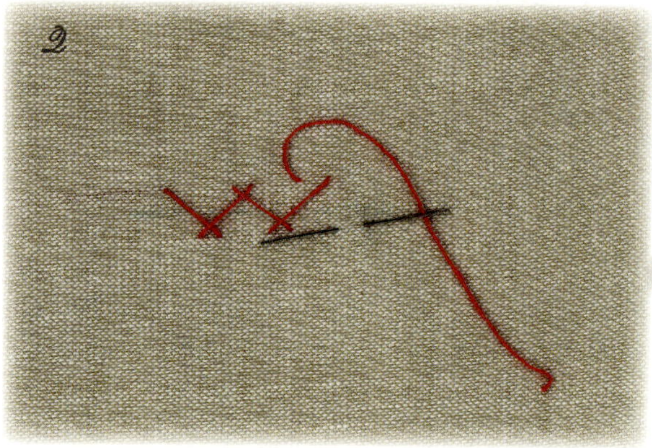

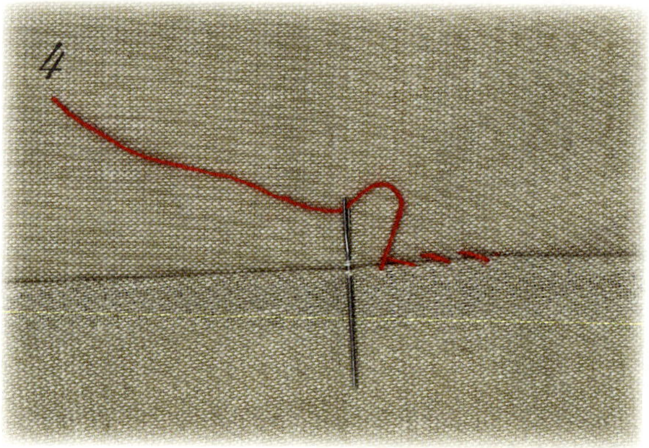

Einfach schön

Walzen

Sie benötigen:

- Baumwollstoffe
- Bänder
- Vliesofix-Streifen
- Rollschneider
- Lineal
- Schneidematte
- Knopfloch- oder Nähgarn

So geht's:

- Für die gewünschte Breite der Walze muss der Stoff doppelt so breit zugeschnitten werden, dies geht am besten mit Rollschneider und Lineal auf einer Schneidematte (im Fadenlauf zuschneiden).
- Falten Sie die langen Seiten in die Mitte (wie bei einem Schrägstreifen) und bügeln Sie ihn gut.
- Öffnen Sie den Einschlag, legen Sie einen schmalen Streifen Vliesofix dazwischen und bügeln Sie die Stofflagen aufeinander fest (Erleichtert das Wickeln).
- Legen Sie das zu umwickelnde Material auf den Stoffstreifen und fangen Sie an ihn eng aufzuwickeln
- Ist die gewünschte Dicke erreicht, schneiden Sie den Stoffstreifen ab, schlagen Sie das Ende ein und stecken Sie es mit Stecknadeln fest. Bei der letzten Wicklung ggf. Schmuckwebband oder Dekoband mit einrollen.
- Schließen Sie die Naht mit diversen Zierstichen.

Perlensticken

Sie benötigen:

- Perlen
- Perlennadel
- reißfestes Garn

Perlen verknoten

So geht's:

- Stechen Sie von unten nach oben durch den Stoff.
- Nehmen Sie eine Perle auf und stechen Sie von oben leicht versetzt durch den Stoff.
- Danach wieder durch den Anfangspunkt nach oben stechen.
- Den Faden, wie bei dem Knötchenstich, um die Nadel wickeln und wieder an Ort und Stelle in den Stoff stechen. Dieses einzelne Verknoten der Perlen ist zeitaufwändig, lohnt sich aber, da die Perlen fixiert sind und einen guten Stand haben (Loch zur Seite).

Perlenblume

So geht's:

- Zuerst die Mittelperle zweimal annähen und verknoten.
- Anschließend die Fäden unter der Perle mehrmals umwickeln, damit die Perle ein „Füßchen" bekommt.
- Nun sechs Perlen auffädeln, diese um das „Füßchen" wickeln, nochmal durch alle sechs Perlen fädeln, festziehen und vernähen.

Perlengruppierung

So geht's:

- Pro Stich immer 2 - 4 Perlen auf die Nadel nehmen und eng aneinander nähen.

Perlenschnur

So geht's:

- Mehrere Perlen auffädeln und beim Zurückfädeln die erste oder drei Perlen überfädeln.

Perlen auffädeln

So geht's:

Versteifen Sie den Fadenanfang mit Uhu zu einer „Nadel", so dass Sie die Perlen auffädeln können.

Perlenblume

Perlengruppierung

Perlensticken

Perlenschnur

Schmuckanhänger

Sie benötigen:

- Baumwollstoff, Stickerei, Motive mit Stoffdruck
- Füllwatte
- Dekogranulat (nur bei manchen Anhängern)
- Pinzette
- lange dünne Nähnadel

So geht's:

- Übertragen Sie den Umriss des gedruckten Motives auf die linke Seite des Stoffes und legen Sie diesen rechts auf rechts auf einen Baumwollstoff.
- Nähen Sie mit einem sehr dichten Stich entlang der Umrisslinie die Stofflagen zusammen, lassen Sie eine Wendeöffnung frei.

Wichtig: Bei Schmuckanhängern mit Leinen muss die Wendeöffnung diagonal zum Fadenlauf liegen, damit beim Wenden die Fäden nicht aus dem Gewebe gezogen werden.

- Schneiden Sie das Stück mit 0,5 cm Nahtzugabe aus und wenden Sie den Schmuckanhänger vorsichtig mit der Pinzette.
- Stopfen Sie nun den Anhänger mit Hilfe der Pinzette mit Füllwatte oder Dekogranulat aus.
- Schließen Sie die Wendeöffnung mit dem Matratzenstich.

Schmuckanhänger

Einfassen des Schmuckanhängers mit einem-Festonstich

So geht's:

• Die Naht des Schmuckanhängers wird mit dem Festonstich eingefasst, verwenden Sie dazu das Knopflochgarn. Jeder Schmuckanhänger wird mit dem Festonstich eingefasst.

Schlaufe eines Schmuckanhängers bilden

So geht's:

• Für die Aufhängung bilden Sie aus dem vorhandenen Faden vier Schlaufen , die Sie nach Art des Festonstiches einfassen.

Schmuckstück

Häkeln

Im Allgemeinen ist es wichtig, gleichmäßig fest zu arbeiten, um ein schönes Häkelergebnis zu erzielen.

Luftmasche (Lm)

Mit Luftmaschen wird das Häkeln begonnen. Zuerst wird aus dem Häkelgarn eine Schlaufe gebildet. Führen Sie die Häkelnadel durch die Schlaufe, nehmen Sie den Faden dahinter auf und führen Sie ihn zurück durch die Schlaufe. (Abb. 1)

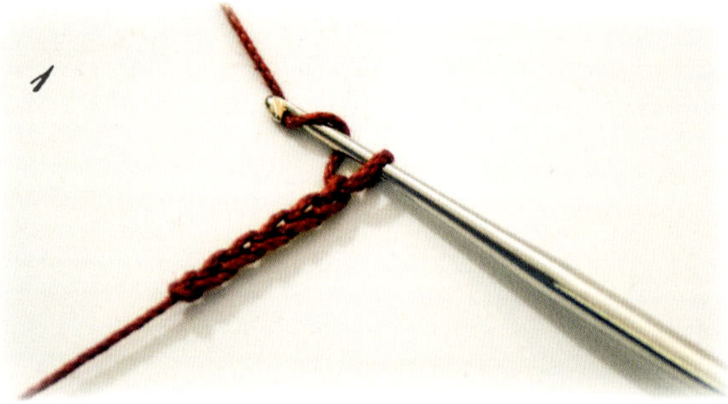

Kettmasche (Km)

Stecken Sie die Nadel durch die Masche der vorherigen Reihe, nehmen Sie den Faden auf und holen Sie ihn nach vorne. Führen Sie ihn durch die Schlaufe der Häkelnadel, so dass nur noch ein Faden auf der Nadel ist. (Abb. 2)

Feste Masche (fM)

Stecken Sie die Nadel durch die Masche der vorherigen Reihe, nehmen Sie den Faden auf und holen Sie ihn nach vorne (2 Fäden auf der Häkelnadel). Nehmen Sie einen weiteren Faden auf, den Sie durch beide Schlaufen führen, so dass sich nur noch eine Schlaufe auf der Nadel befindet. (Abb. 3 - 4)

Halbes Stäbchen (hStb)

Nehmen Sie einen Faden auf und stecken Sie die Nadel durch die Masche der vorherigen Reihe. Nehmen Sie einen weiteren Faden auf und holen Sie ihn nach vorne, so dass sich drei Schlaufen auf der Häkelnadel befinden. Nehmen Sie noch einen Faden auf, den Sie durch die drei Schlaufen führen, so dass sich nur noch eine Schlaufe auf der Nadel befindet. (Abb. 5 - 7)

Stäbchen (Stb)

Nehmen Sie einen Faden auf und stecken Sie die Nadel durch die Masche der vorherigen Reihe. Nehmen Sie einen weiteren Faden auf und holen Sie ihn nach vorne, so dass sich drei Schlaufen auf der Häkelnadel befinden. Nehmen Sie noch einen Faden auf, den Sie durch zwei Schlaufen führen, so dass sich noch zwei Schlaufen auf der Nadel befinden. Nehmen Sie nochmals einen Faden auf, den Sie durch die zwei Schlaufen führen, so dass sich nur noch eine Schlaufe auf der Häkelnadel befindet. (Abb. 8 - 11)

Doppel Stäbchen (DStb)

Ein Doppel Stäbchen wird wie ein Stäbchen (siehe oben) gehäkelt, wobei Sie jedoch vorher nicht nur einen Faden sondern zwei Fäden auf die Häkelnadel aufnehmen. Stechen Sie die Nadel durch die Masche der vorherigen Reihe und nehmen Sie einen weiteren Faden auf, so dass Sie vier Schlaufen auf der Nadel haben. Nehmen Sie einen weiteren Faden auf und führen Sie ihn durch zwei Schlaufen. Anschließend wieder einen Faden aufnehmen und durch zwei Schlaufen führen. Und noch einmal einen Faden aufnehmen und durch zwei Schlaufen führen.

Häkelbommel

Sie benötigen:

- Perlgarn
- Häkelnadel Stärke 1,25
- Füllwatte oder Metallkügelchen

So geht's:

Wichtig: Arbeiten Sie sehr fest, da sonst die Füllwatte sichtbar ist. Bei den Bommeln wird nur durch den hinteren Teil des Maschengliedes gehäkelt um ein gestreiftes Warenbild zu erhalten.

- Nehmen Sie 2 Luftmaschen auf und häkeln Sie in die erste Luftmasche sechs feste Maschen.
- Danach in offenen Runden arbeiten und die festen Maschen verdoppeln, d.h. in jede feste Masche zwei feste Maschen häkeln, bis Sie die 13 Maschen erreicht haben.
- Danach über 6 Reihen einfach weiter häkeln, danach Maschenanzahl abnehmen, indem Sie nur auf jede 2. Masche der Vorrunde eine feste Masche häkeln bis nur noch vier Maschen übrig sind.
- Häkeln Sie eine Luftmaschenkette, schneiden Sie den Faden 10 cm lang ab und ziehen Sie ihn durch die letzte Masche.
- Stopfen Sie mit der Pinzette Füllwatte oder Metallkügelchen fest in den Bommel.
- Schließen Sie die Öffnung.

Häkelkugel

Sie benötigen:

- Perlgarn
- Häkelnadel Stärke 1,25

So geht's:

- Schlagen Sie 15 Lm an (13 Lm sind für die spätere Schlaufe).
- Häkeln Sie in die 14. Lm 6 fM.
- Arbeiten Sie in offenen Runden weiter.
- Häkeln Sie in jede feste Masche der Vorreihe 2 fM, bis Sie 16 Maschen haben.
- Danach häkeln Sie in jede 2. feste Masche der Vorreihe 2 fM (jede 2. Masche der Vorreihe verdoppeln), bis Sie 22 Maschen (kleine Kugel) oder 24 Maschen (große Kugel) haben.
- Häkeln Sie mit dieser Maschenzahl 6- 7 Reihe weiter.
- Anschließend reduzieren Sie die Maschenzahl wieder, indem Sie 2 fM häkeln und eine Masche der Vorreihe überspringen, bis Sie 16 Maschen haben.
- Danach häkeln Sie in jede 2. Feste Masche der Vorreihe eine fM bis nur noch 4 Maschen übrigbleiben.
- Nun häkeln Sie eine Luftmaschenkette aus 13 Lm für die spätere Schlaufe.
- Stopfen Sie den Bommel sehr fest mit Füllwatte aus.

Häkelkette

Sie benötigen:
- Perlgarn
- Häkelnadel Stärke 1,25
- für Ketten mit Bommel etwas Füllwatte

So geht's:

• Häkelketten bestehen aus einer Reihe Luftmaschen und einer zweiten Reihe Kettmaschen. Am Anfang und/ oder am Ende werden je nach Bedarf Bommel (siehe Anleitung Häkelbommel) oder Schlaufen gehäkelt.

Mausezähnchen

Mausezähnchenrand

Sie benötigen:

- Knopflochgarn
- Häkelnadel Stärke 0,75

So geht's:

- Auf die Festonstichreihe des Schmuckanhängers wird eine Reihe Mausezähnchen gehäkelt.
- Dazu häkeln Sie in einen Festonstich eine fM und 3 Lm.
- Häkeln Sie in die erste der 3 Lm eine feste Masche, so dass das Mausezähnchen entsteht.
- Wiederholen Sie fortlaufend diese Schritte 3 Festonstiche nach links versetzt.
- Den Mausezähnchenrand mit Wäschestärke einpinseln, um eine hohe Stabilität zu erzielen.

(Das Knopflochgarn einen Ton heller wählen, da das Garn durch das Stärken dunkler wird.)

Mausezähnchen für Häkelspitze

So geht's:

- Ein Mausezähnchen welches in der Häkelschrift als „M" gekennzeichnet ist, sind 3 Lm in deren 1 Luftmasche eine feste Masche gehäkelt wird.

Blütenzart

Plastische Häkelblüte

Sie benötigen:

- Perlgarn
- Häkelnadel Stärke 1,5

Oder:

- Sockenwolle
- Häkelnadel Stärke 2,5

So geht's:

Arbeiten Sie nicht zu locker, das gibt einen schöneren Halt.

- Schlagen Sie 5 Luftmaschen (Lm) an und schließen Sie diese mittels einer Kettmasche (Km) zu einem Kreis.
- 1. Reihe: Häkeln Sie 3 Lm und 1 DStb, danach häkeln Sie viermal 2 DStb welche Sie zusammen abmaschen. Zusammen abmaschen bedeutet, dass Sie beim ersten DStb noch zwei Schlaufen auf der Nadel behalten, dann ein weiteres DStb häkeln und abschließend die letzten vier Schlaufen zusammen abmaschen (daraus ergibt sich der Blütenkelch).
- 2. Reihe: Häkeln Sie auf die Vorreihe fünf Bögen aus einer festen Masche (fM) und 4 Lm. Den letzten Bogen mit einer Kettmasche schließen.
- 3. Reihe: Für die Blütenblätter häkeln Sie in die Bögen 1 Km, 3 Lm, 2 DStb (zusammen abmaschen), 3 Lm, 1 Km.
- 4. Reihe: Für die zweite Blütenreihe häkeln Sie in die 1. Reihe fünf Bögen aus 1 fM und 6 Lm. Den letzten Bogen mit einer Kettmasche schließen.
- 5.Reihe: Für die Blütenblätter arbeiten Sie in die Bögen 1 Km, 4 Lm, 3 DStb (zusammen abmaschen), 4 Lm, 1 Km.
- Vernähen Sie alle Fäden.
- Für den Blütenstiel schlagen Sie in der gewünschten Länge Luftmaschen an und häkeln Sie auf deren Rückreihe Kettmaschen.
- Ziehen Sie den Stiel durch die Blütenmitte und vernähen (bei Perlenverzierung) oder verknoten Sie das Ende.

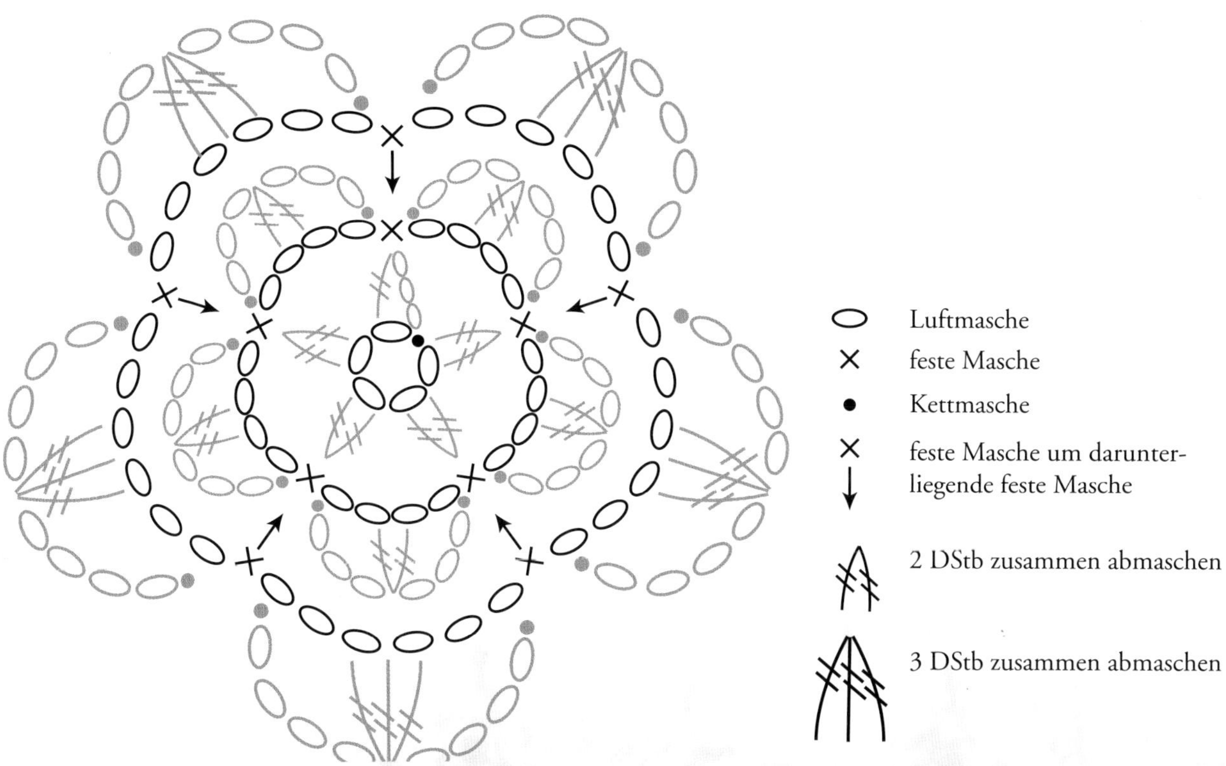

Irische Häkelblüte

Sie benötigen:

- Baumwollgarn
- Häkelnadel Stärke 1,0

So geht's:

Erklärung Noppe: Eine Noppe besteht auf 8 DStb welche zusammen abgemascht werden.

- Schlagen Sie 5 Lm an und verbinden Sie diese mit einer Km zu einem Ring.
- 1. Reihe: Häkeln Sie 3 Lm und weitere 15 Stäbchen (Stb) häkeln Sie in den Luftmaschenring. Den Ring mit einer Km schließen.
- 2. Reihe: Häkeln Sie 5 Lm, desweiteren häkeln Sie 15 mal 1 Stb und 2 Lm. Schließen Sie den Ring mit einer Km.
- 3. Reihe: Häkeln Sie eine Lm, desweiteren setzten Sie in den 1. Luftmaschenbogen 1 fM. 2 Lm häkeln und danach in den 2. Luftmaschenbogen eine Noppe (Erklärung siehe oben) häkeln. 2 Lm häkeln und eine fM und den nächsten Bogen häkeln. Wiederholen Sie dies mit allen Luftmaschenbögen. Mit Km den Ring schließen.
- 4. Reihe: Häkeln Sie eine Lm, danach eine fM und weitere 6 Lm. Die nächste fM setzten Sie auf die feste Masche der Vorreihe, usw. Mit einer Km den Ring schließen.
- 5. Reihe: Häkeln Sie 1 Lm, 1 hStb, 1 Stb, 8 DStb, 1 Stb, 1 hStb und 1 fM (auf den Luftmaschenbogen der Vorreihe). Danach wiederholen Sie dies siebenmal beginnend mit 1 hStb, Schließen Sie den Ring mit einer Km.
- 6. Reihe: Häkeln Sie 1 Lm, 1 fM, und 8 Lm. Die nächste fM setzten Sie auf die feste Masche der 4. Reihe, usw. Mit einer Km den Ring schließen.
- 7. Reihe: Häkeln Sie 1 Lm, 1 hStb, 1 Stb, 10 DStb, 1 Stb, 1 hStb und 1 fM (auf fM der Vorreihe). Danach widerholen Sie dies siebenmal beginnend mit 1 hStb, Schließen Sie den Ring mit einer Km.

Reihe 6 und 7 sind nicht skizziert, da sie vom Prinzip den Reihen 4 und 5 entsprechen.

- Noppe= 8 DStb zusammen abmaschen
- Luftmasche
- feste Masche
- Kettmasche
- Stb
- DStb

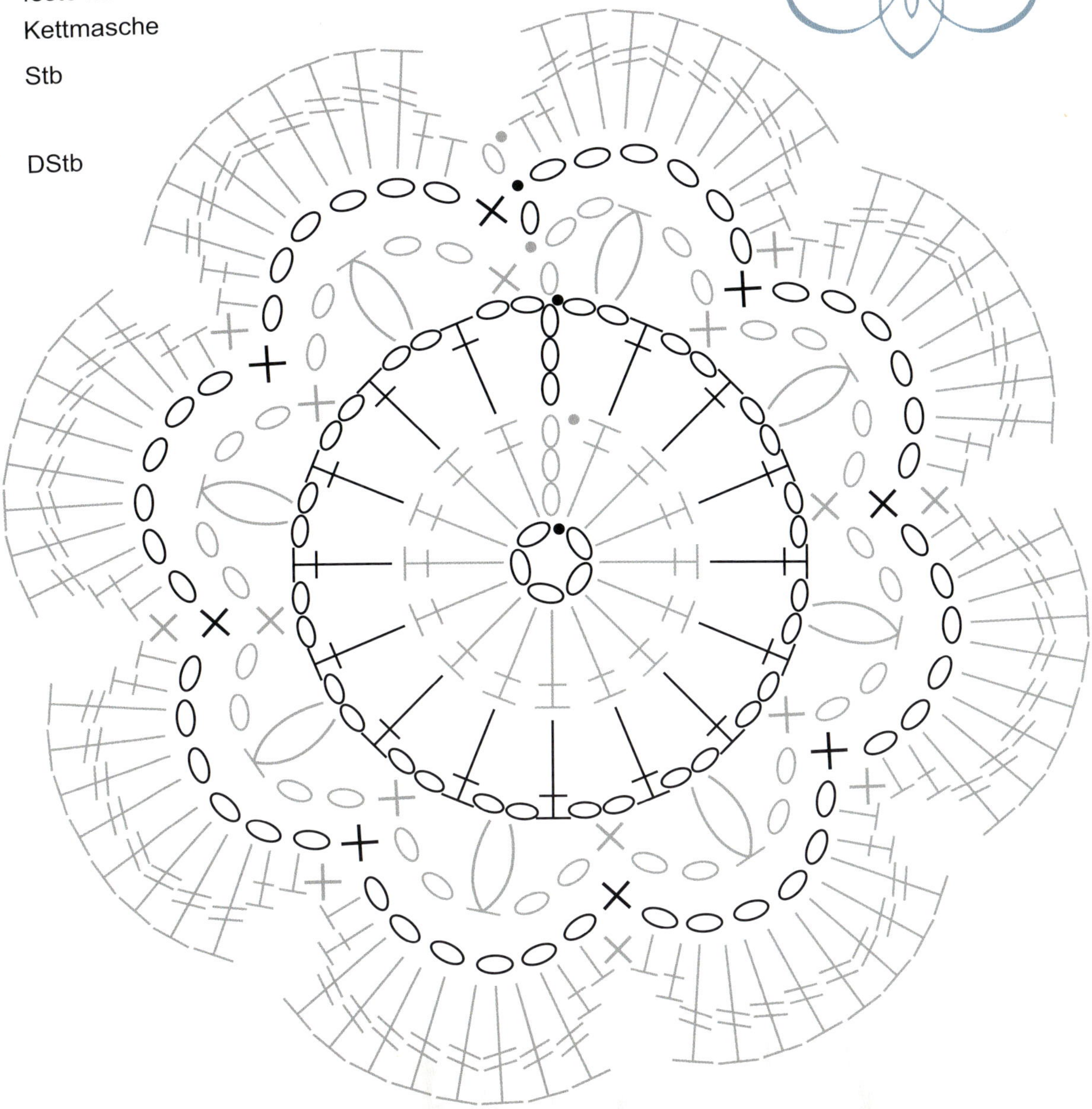

Häkelblüte

Sie benötigen:

- Perlgarn
- Häkelnadel Stärke 1,5

So geht's:

Arbeiten Sie nicht zu locker, dies ergibt einen schöneren Halt.

- 1. Reihe: 8 Luftmaschen (Lm) zu einem Ring häkeln und in den Ring 16 feste Maschen (fM) häkeln.
- 2. Reihe: Achtmal wechselnd 1 fM und 2 Lm in jede zweite Masche häkeln.
- 3. Reihe: In jeden Luftmaschenbogen der Vorreihe je ein Blatt aus 1fM, 1 Lm, 2 Stäbchen (Stb), 1 Lm und 1 fM häkeln. (1. Blattreihe)
- 4. Reihe: Häkeln Sie achtmal wechselnd an der Rückseite der Blüte 1 Stb und 3 Lm. Das Stäbchen dabei um die feste
Masche der 2. Reihe arbeiten.
- 5. Reihe: Nun von der Vorderseite in jeden Luftmaschenbogen (wie in 3. Reihe) ein Blatt aus 1 fM,
1 Lm, 4 Stb, 1 Lm und 1 fM häkeln (2. Blattreihe).
- 6. Reihe:Wie 4. Reihe jedoch 1 Stb und 4 Lm.
- 7. Reihe:Wie 5. Reihe jedoch 1 fM, 1 Lm, 5 Stb,
1 Lm und 1 fM (3. Blattreihe).

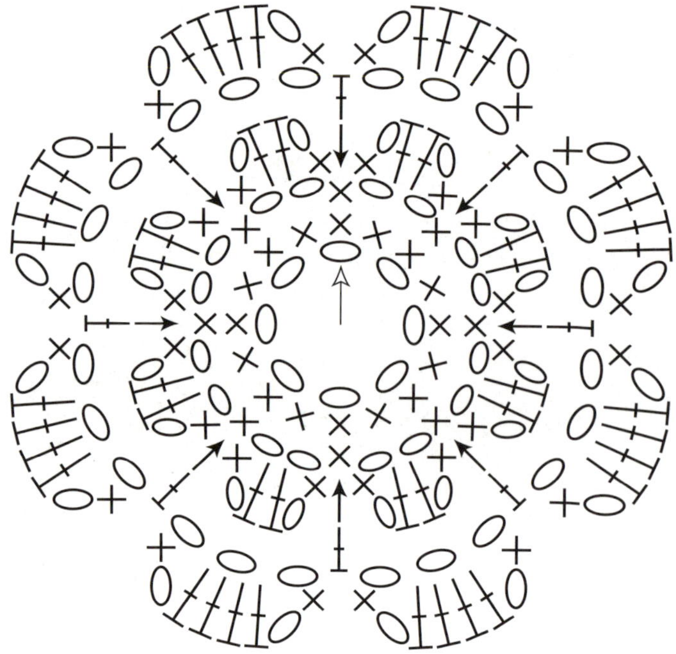

⬭ Luftmasche	Stäbchen um darunterliegende feste Masche
× feste Masche	
Stäbchen	Beginn

Strickliselkette

Sie benötigen:

- Garn
- Strickliesel

So geht's:

- Nehmen Sie die Strickliesel und das Garn zur Hand und lassen Sie den Garnanfang durch das Loch der Strickliesel gleiten, bis es unten heraus schaut.
- Führen Sie nun das Garn um die vier Stifte der Strickliesel, indem Sie das Garn gegen den Uhrzeigersinn um einen Stift legen und es anschließend im Uhrzeigersinn zum nächsten Stift führen (Bild 1).
- Legen Sie das Garn nun von vorne über der ersten Schlaufe um den ersten Stift. Greifen Sie mit der Häkelnadel in die Schlaufe und ziehen Sie von vorne nach hinten über den Stift (Bild 2).
- Verfahren Sie immer so weiter bis Sie eine lange Strickliselkette haben.

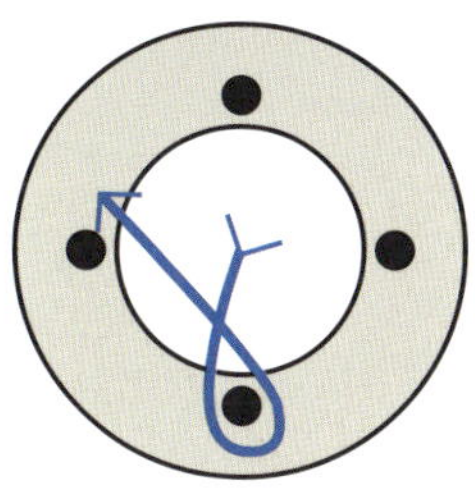

Bild 1

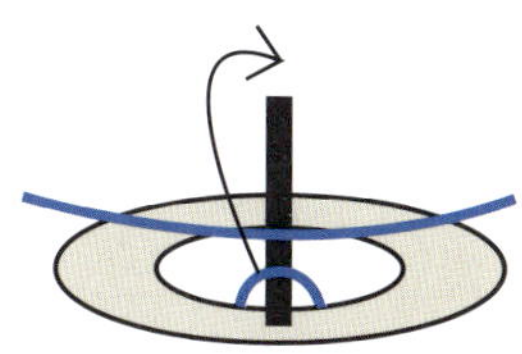

Bild 2

Tipp: Mit einer halbautomatischen Strickliesel stricken Sie Ketten in Windeseile! Eine ausführlich Anleitung ist dem Produkt beigefügt, siehe Material-index.

Stricken

Maschen anschlagen

Es gibt unterschiedliche Möglichkeiten Maschen anzuschlagen. Die einfachste Methode ist das sogenannte Aufschlingen. Bilden Sie aus dem Garn eine Schlinge, führen Sie eine Nadel hindurch und halten Sie sie mit der rechten Hand fest.

Der Arbeitsfaden zum Knäuel läuft dabei von der rechten Nadel über den Daumen der linken Hand und wird von den drei äußeren Fingern der linken Hand festgehalten.

Mit der rechten Nadel nehmen Sie nun den Arbeitsfaden von vorne auf, so dass sich um die rechte Nadel eine weitere Schlinge bildet. Ziehen Sie die Schlinge fest und schlagen Sie die angegebene Maschenzahl an.

Rechte Masche (re M) I

Beim Stricken einer rechten Masche liegt der Faden hinter der Nadel. Stechen Sie mit der rechten Nadel von vorne in die erste Masche auf der linken Nadel und holen Sie den Arbeitsfaden durch die Masche nach vorne, dabei die Masche von der linken Nadel gleiten lassen.

Linke Masche (li M) −

Beim Stricken einer linken Masche liegt der Faden vor der Nadel. Stechen Sie mit der rechten Nadel von hinten in die erste Masche auf der linken Nadel und legen Sie den Arbeitsfaden von vorne nach hinten um die Nadel und ziehen Sie ihn nach hinten durch die Masche.

Umschlag U

Durch einen Umschlag nehmen Sie eine Masche zu. Für einen Umschlag legen Sie vor dem Stricken der nächsten Masche (links oder rechts) den Arbeitsfaden von vorne nach hinten um die rechte Nadel. Anschließend stricken Sie die nächste Masche.

2 M re zus-str

Stechen Sie mit der rechten Nadel wie zum rechts stricken in die zweite Masche auf der linken Nadel ein und fassen Sie dabei die erste Masche mit. Nun stricken Sie beide Maschen rechts zusammen und lassen sie von der linken Nadel gleiten.

2 M re überz zus-str

Heben Sie die erste Masche von der linken Nadel rechts ab und stricken Sie die nächste Masche rechts. Danach ziehen Sie die abgehobene Masche über die rechts gestrickte Masche.

1 M abh, 2 M re zus-str, die abgeh M überz

Heben Sie die erste Masche von der linken Nadel rechts ab und stricken Sie die beiden Folgemaschen rechts zusammen. Anschließend ziehen Sie die erste abgehobene Masche über die zusammengestrickten Maschen.

Randmaschen (Rm)

Es werden Randmaschen gestrickt damit die seitliche Kante sauber aussieht. Dazu wird die letzte Masche nur abgehoben, danach wird die Arbeit gewendet und die zuvor abgehobene Masche wird rechts verschränkt gestrickt. Randmaschen werden immer rechts verschränkt gestrickt, egal ob linke oder rechte Maschen folgen.

2 M li zus-str

Stechen Sie wie beim links Stricken mit der rechten Nadel in die folgenden zwei Maschen der linken Nadel ein und stricken Sie sie zusammen links ab.

3 M li zus-str

Stricken Sie wie beim „2 M li zus-str", nur dass Sie drei Maschen zusammen links abstricken.

1 M re verschr

Stechen Sie mit der rechten Nadel von rechts nach links in den hinteren Teil der ersten Masche auf der linken Nadel und holen Sie den Arbeitsfaden durch die Masche nach vorne. Dadurch verdreht (verschränkt) sich die darunter liegende Masche.

3 M aus 1 M str

Stricken Sie die erste Masche rechts, aber lassen Sie die Masche nicht von der Nadel gleiten, sondern nehmen Sie einen Umschlag auf und stricken Sie eine weitere rechte Masche. Danach lassen Sie die Masche von der Nadel gleiten.

1 M re verschr aus Querfaden str

Der Querfaden liegt zwischen zwei Maschen. Um aus einem Querfaden eine Masche stricken zu können müssen Sie den Querfaden mit der rechten Nadel von hinten aufnehmen und ihn auf die linke Nadel legen. Dann stechen Sie wie beim rechts verschränken, hinten von rechts nach links in die Masche ein, holen den Arbeitsfaden nach vorne und lassen die Masche von der Nadel gleiten.

1 M abh, 3 M re str, die abgeh M über 3 re M ziehen

Heben Sie die erste Masche von der linken Nadel rechts ab und stricken Sie die nächsten drei Maschen rechts. Anschließend ziehen Sie die abgehobene Masche über die drei rechts gestrickten Maschen.

Masche fallen lasen

Wenn Sie eine Masche fallen lassen sollen, dann lassen Sie die Masche einfach von der linken Nadel gleiten ohne sie zu stricken.

Maschen abketten

Um eine Strickarbeit zu beenden, werden die Maschen abgekettet. Stricken Sie zwei Maschen auf die rechte Nadel. Heben Sie nun die rechte Masche über die linke Masche, so dass Sie nur noch eine Masche auf der rechten Nadel haben. Jetzt stricken Sie die nächste Masche so dass Sie wieder zwei Maschen auf der Nadel haben und heben anschließend die rechte Masche wieder über die linke. Wiederholen Sie dies, bis Sie alle Maschen von der linken Nadel gekettet haben.

Grundmuster

Kraus rechts

Kraus rechts bedeutet, dass Sie in Hin- und Rückreihen immer rechts stricken. Auf der rechten Warenseite sind abwechselnd rechte und linke Reihen zu sehen.

Glatt rechts

Glatt rechts bedeutet, dass Sie in der Hinreihe rechts stricken und in der Rückreihe links stricken. Auf der rechten Warenseite sind nur rechte Maschen zu sehen.

Bündchenmuster

Beim Bündchenmuster werden abwechselnd in der Hin- und Rückreihe rechte und linke Maschen gestrickt. Auf der rechten Warenseite sind in senkrechten Streifen rechte und linke Maschen sichtbar.

Bestrickend schön

Die Rückreihen dieser Muster werden links gestrickt

Tulpenmuster versetzt

I	U	∩	U	I	U	∩	U	15
U	I	I	I	U	◢	U	◣	13
I	U	∩	U	I	I	I	I	11
I	U	∩	U	I	I	I	I	9
I	U	∩	U	I	U	∩	U	7
U	◢	U	◣	U	I	I	I	5
I	I	I	I	I	U	∩	U	3
I	I	I	I	I	U	∩	U	1

Fächermuster

I	U	–	A	–	U	I	3
I	I	I	I	I	I	I	1

Dornröschenmuste

Das Muster erscheint auf der linken Warenseite.

∀	A	3
A	∀	1

I	Rechte Masche
–	Linke Masche
U	Umschlag
∩	1 M abh, 2 M zus-str, die abgeh M überz
◣	2 M re überz zus-str

Die Rückreihen dieser Muster werden links gestrickt

Wellenmuster

∧	∧	U	I	U	I	U	I	U	∧	∧	3
I	I	I	I	I	I	I	I	I	I	I	1

Röschenmuster

U	∩	U	I	I	I	3
I	I	I	U	∩	U	1

Tulpenmuster

I	U	∩	U	I	U	∩	U	7
U	◢	U	◣	U	I	I	I	5
I	I	I	I	I	U	∩	U	3
I	I	I	I	I	U	∩	U	1

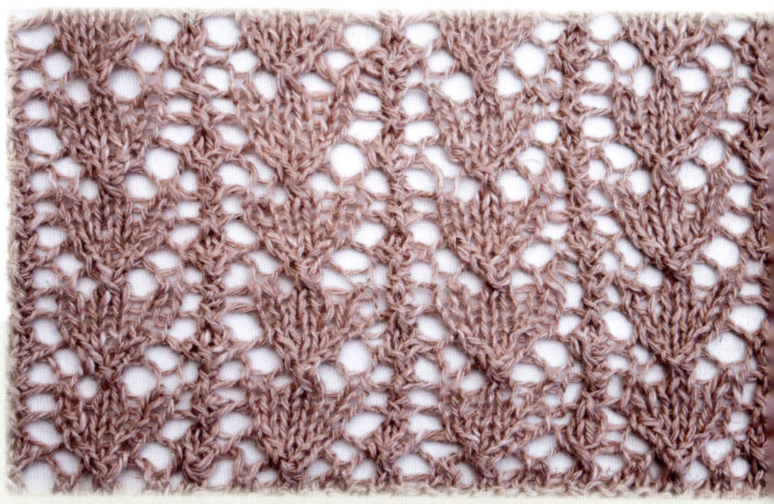

◢	2 M re zus-str
A	3 M li zus-str
∧	2 M li zus-str
∀	3 M aus 1 M str

Umhängetasche 4002 4004

Traumhaftes Kissen 3957 2032

3980
3978
3215
4003

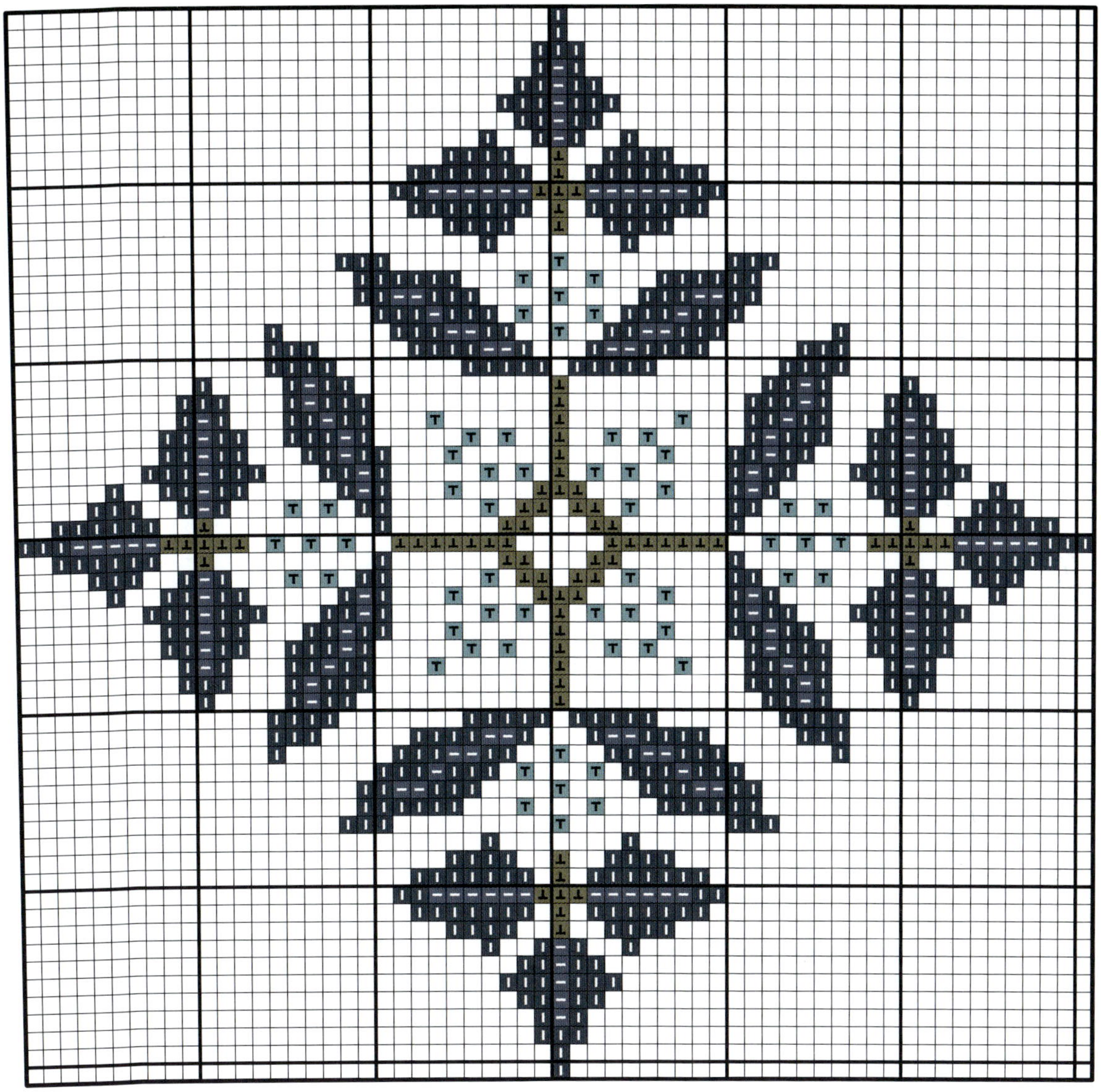

3980 3978 3215 4003

oder

3114 3305 3532 4029

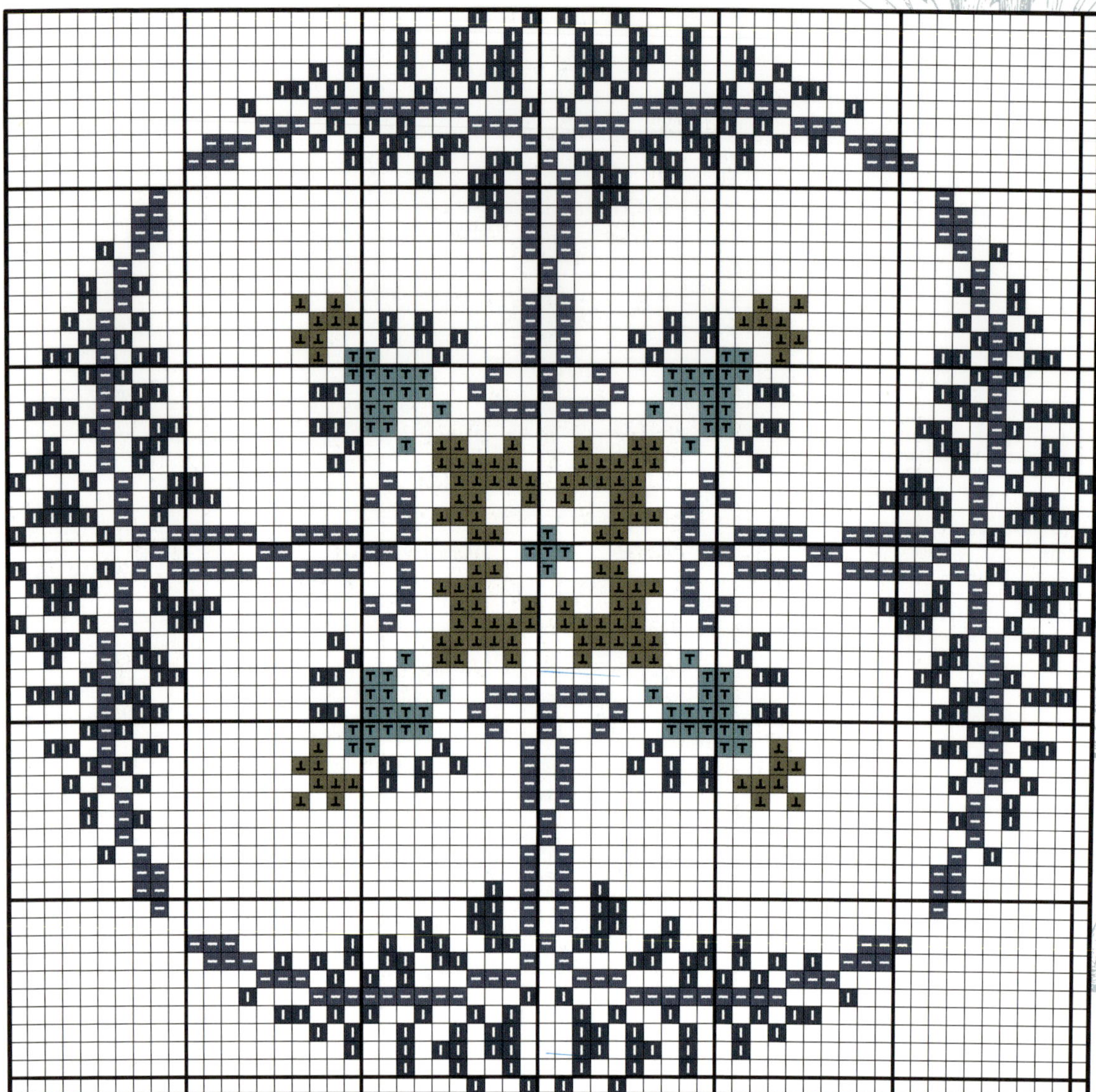

3980 3978 3215 4003

oder

3114 3305 3532 4029

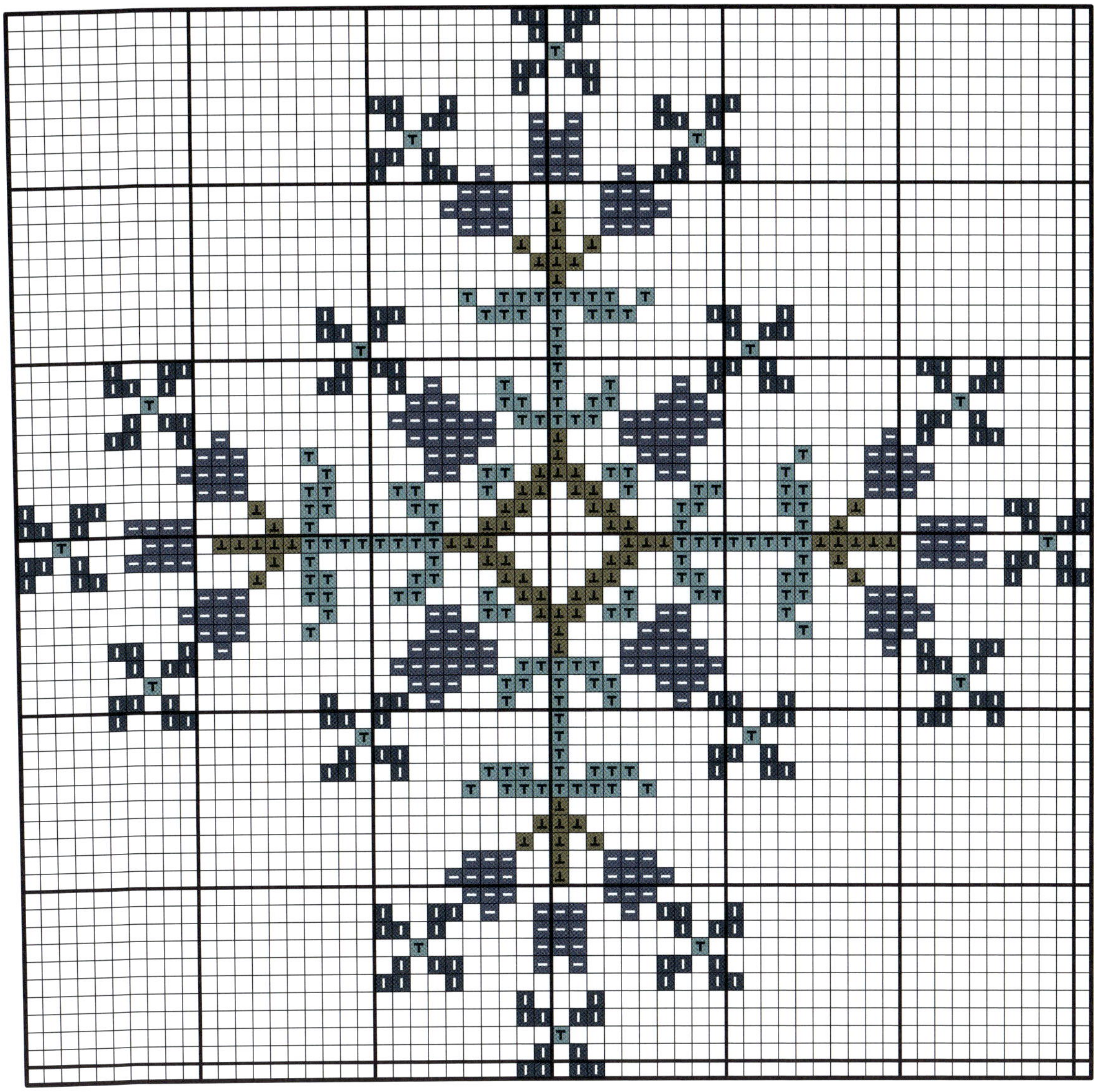

3980	3978	3215	4003

oder

3114	3305	3532	4029

3114

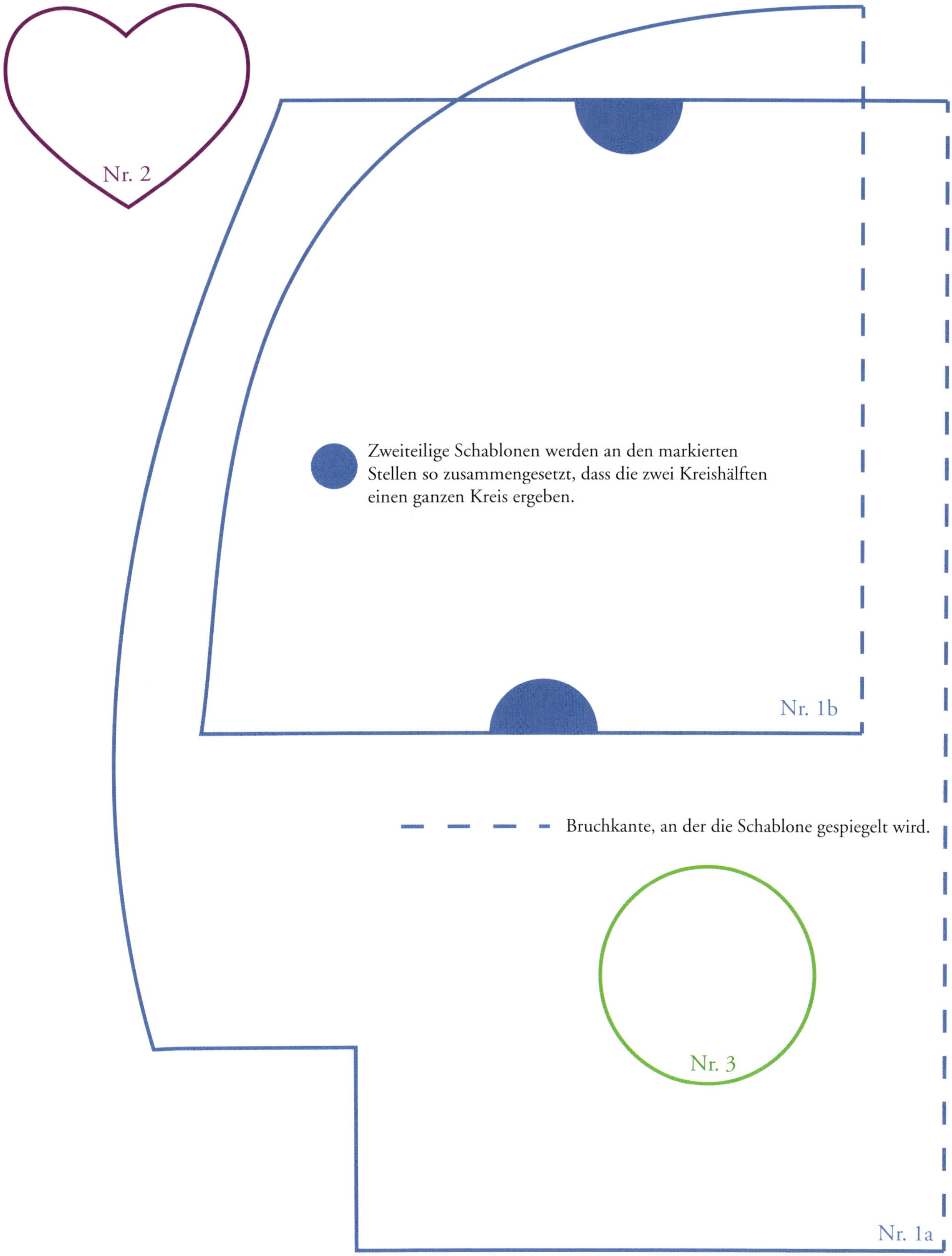
Nr. 2
Zweiteilige Schablonen werden an den markierten Stellen so zusammengesetzt, dass die zwei Kreishälften einen ganzen Kreis ergeben.
Nr. 1b
Bruchkante, an der die Schablone gespiegelt wird.
Nr. 3
Nr. 1a

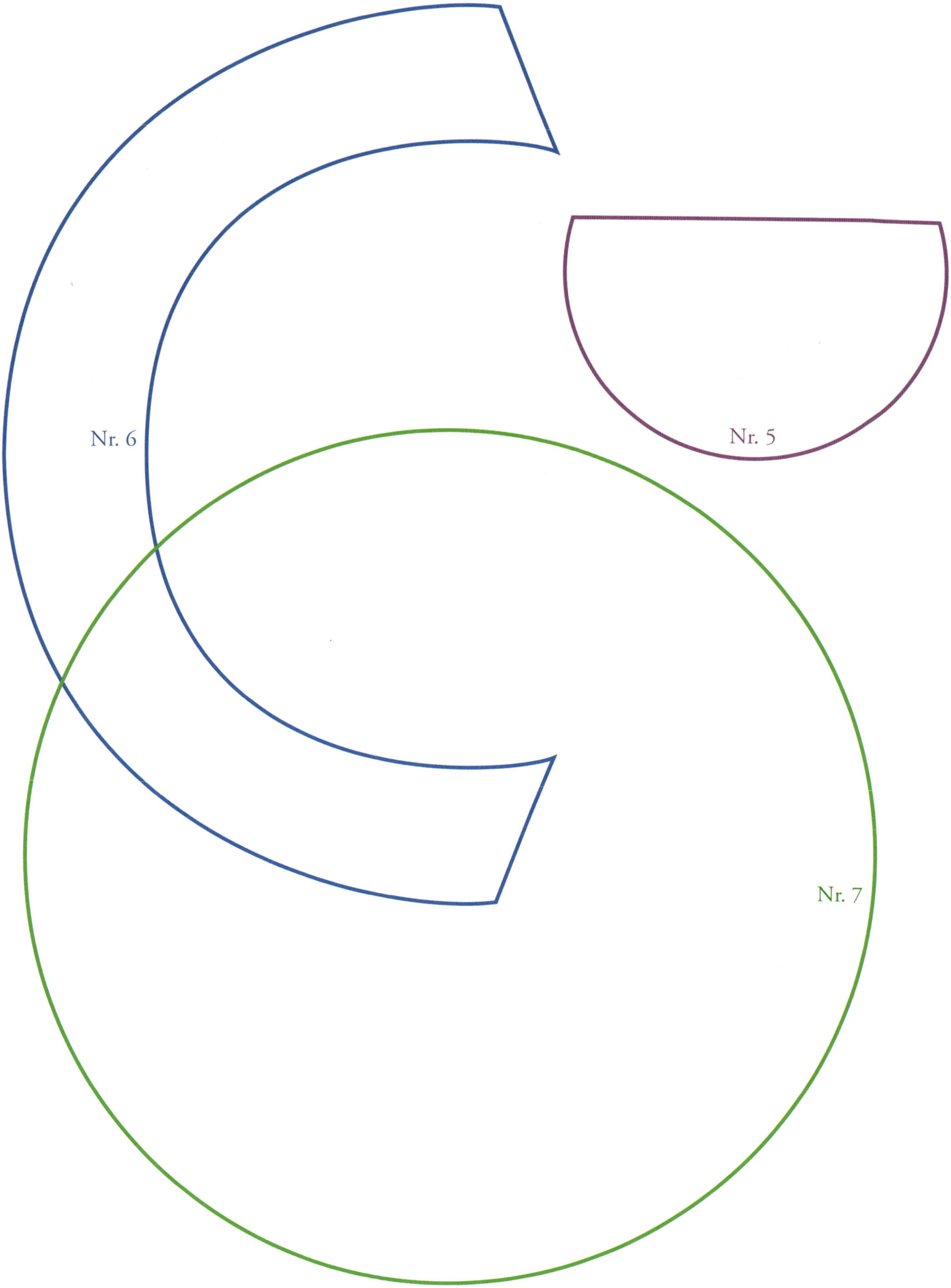
Nr. 6
Nr. 5
Nr. 7

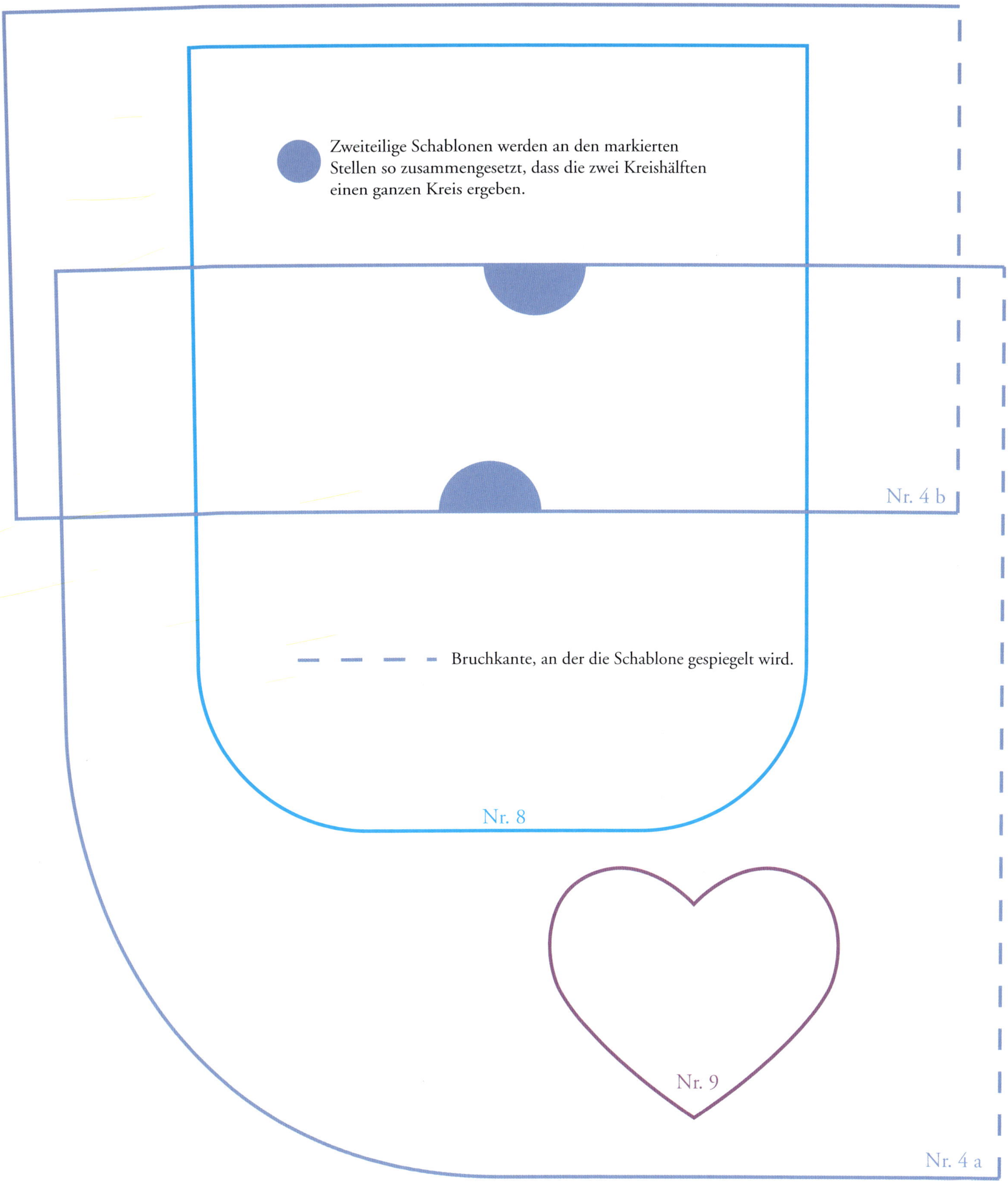
Zweiteilige Schablonen werden an den markierten Stellen so zusammengesetzt, dass die zwei Kreishälften einen ganzen Kreis ergeben.
Bruchkante, an der die Schablone gespiegelt wird.
Nr. 4 b
Nr. 8
Nr. 9
Nr. 4 a

Die Stoffdruckvorlagen stehen für Sie auf unserer Internetseite
www.acufactum.de zum Download bereit.

Leinen

- Leinen beige, 140 cm breit, Art.-Nr. 319-113F

Stoffe

- Baumwollstoff Blütenkaro creme-beige, 110 cm breit, Art.-Nr. 3479-902
- Baumwollstoff Blockstreifen grau-pflaume, 110 cm breit, Art.-Nr. 3479-510
- Baumwollstoff Blockstreifen natur-rot, 110 cm breit, Art.-Nr. 3479-508
- Baumwollstoff Blockstreifen natur-grau, 110 cm breit, Art.-Nr. 3479-509
- Baumwollstoff Blütentanz grau-pflaume, 110 cm breit, Art.-Nr. 3479-305
- Baumwollstoff Blütenranke natur-blau, 110 cm breit, Art.-Nr. 3479-103
- Baumwollstoff Blütenranke natur-rot, 110 cm breit, Art.-Nr. 3479-102
- Baumwollstoff Rosenstrauß natur-rot, 110 cm breit, Art.-Nr. 3479-1300
- Baumwollstoff Rosenstrauß creme-grau, 110 cm breit, Art.-Nr. 3479-1304
- Baumwollstoff Rosenbouquet beige-grau, 110 cm breit, Art.-Nr. 3479-1101
- Baumwollstoff Streifenornament natur-creme, 110 cm breit, Art.-Nr. 3479-702
- Baumwollstoff Picknick in Rosen creme-grau, 110 cm breit, Art.-Nr. 3479-609
- Baumwollstoff Uni natur, 110 cm breit, Art.-Nr. 3479-1003
- Baumwollstoff Uni grau, 110 cm breit, Art.-Nr. 3479-1002
- Baumwollstoff Uni hellblau, 110 cm breit, Art.-Nr. 3479-1005
- Baumwollstoff lila-grau gestreift, 150 cm breit, Art.-Nr. 392-W987451
- Baumwollstoff grau kariert, 150 cm breit, Art.-Nr. 392-W987410
- Baumwollstoff hellrosa, 150 cm breit, Art.-Nr. 392-1005120
- Baumwollstoff rosa-beige kariert, 150 cm breit, Art.-Nr. 392-W987211
- Baumwollstoff creme-beige gestreift 2 mm, 150 cm breit, Art.-Nr. 392-W956750
- Baumwollstoff creme-beige kariert 2 mm, 150 cm breit, Art.-Nr. 392-W956700
- Leinenstoff graubraun, 140 cm breit, Art-Nr. 3259-61069-675

Vliese

- Füllwatte, 100 g Beutel, Art.-Nr. 6269-150
- dickes Volumenvlies zum Aufbügeln, 90 cm breit, Art.-Nr. 3255-115
- Volumenvlies zum Aufbügeln, 90 cm breit, Art.-Nr. 3255-100
- Vlieseline, 90 cm breit, Art.-Nr. 3255-106
- Vliesofix, 90 cm breit, Art.-Nr. 3255-104
- Vlieseinlage , 90 cm breit, Art.-Nr. 3255-114
- Decovil light, 90 cm breit, Art.-Nr. 3255-113

Schmuckwebband

- Schmuckwebband Rosenranke grau-brombeer, 2 cm, Art.-Nr. 35064-06
- Schmuckwebband Rosenranke antik-petrol, 2 cm, Art.-Nr. 35064-07
- Schmuckwebband Rosenranke antik-blau, 2 cm, Art.-Nr. 35064-05
- Schmuckwebband Rosenranke antik-rot, 2 cm, Art.-Nr. 35064-04
- Schmuckwebband Blätterranke antik-blau, 1 cm, Art.-Nr. 35061-05
- Schmuckwebband Blätteranke antik-rot, 1 cm, Art.-Nr. 35061-04
- Schmuckwebband Beerenranke brombeer-grau, 1 cm, Art.-Nr. 35034-05
- Schmuckwebband Noten brombeer-grau, 1 cm, Art.-Nr. 35053-03
- Schmuckwebband Mein Engel grau-brombeer, 1 cm, Art.-Nr. 35049-07
- Schmuckwebband Beerenherz grau-lila, 2 cm, Art.-Nr. 35032-02
- Schmuckwebband Mein Engel antik-rot, 1 cm, Art.-Nr. 35049-09

- Schmuckwebband Noten grau-grau, 1 cm, Art.-Nr. 35053-02
- Schmuckwebband Rosenknospe grau-creme, 1 cm, Art.-Nr. 35070-06

Bänder

- Klöppelspitze „Elisa“ dunkellila, 18 mm, Art.-Nr. 3511-3087.14-460
- Klöppelspitze „Frieda“ haut, 30 mm, Art.-Nr. 3511-3100.14-530
- Klöppelspitze „Greta“ graublau, 14 mm, Art.-Nr. 3511-3109.14-630
- Klöppelspitze „Greta“ creme, 14 mm, Art.-Nr. 3511-3109.11-110
- Klöppelspitze „Greta“ haut, 14 mm, Art.-Nr. 3511-3109.14-530
- Klöppelspitze „Luisa“ grüngrau, 13 mm, Art.-Nr. 3511-3086.14-730
- Klöppelspitze „Marga“ lila, 20 mm, Art.-Nr. 3511-2077.14-430
- Ripsband „Tradition“ grau, 10 mm, Art.-Nr. 6425-1084-010-240
- Ripsband „Dolce“ graublau, 10 mm, Art.-Nr. 6425-7249-010-206
- Ripsband „Dolce“ helllila, 10 mm, Art.-Nr. 6425-7249-010-204
- Samtband hellgrau 50 mm breit, Art.-Nr. 6425-0150-050-234
- Samtband graubraun 4,5 mm breit, Art.-Nr. 6425-0150-004-427
- Samtband graubraun 50 mm breit, Art.-Nr. 6425-0150-050-427
- Samtband, elastisch, grau, 9 mm, Art.-Nr. 6425-2804-009-362
- Samtband, elastisch, creme, 9 mm, Art.-Nr. 6425-2804-009-245
- Samtband, elastisch, dunkelbraun, 9 mm, Art.-Nr. 6425-2804-009-417
- Satinband creme, 3 mm, Art.-Nr. 305-22355-09
- Satinband „Eloise“ grau-weiß, 10 mm, Art.-Nr. 6425-1339-010-1
- Satinband „Eloise“ hellblau-beige, 10 mm, Art.-Nr. 6425-1339-010-13
- Schleifenband „Scoubidou“ , elastisch, rosa, 10 mm, Art.-Nr. 6425-1839-010-3
- Schleifenband „Scoubidou“, elastisch, lila, 10 mm, Art.-Nr. 6425-1839-010-5
- Schleifenband „Scoubidou“, elastisch, creme, 10 mm, Art.-Nr. 6425-1839-010-6
- Schleifenband „Nashville“ graubeige, 15 mm, Art.-Nr. 6425-0310-015-19
- Spitzenborte „Amboise“ creme, 40 mm, Art.-Nr. 6425-1637-040-221
- Tüll-Rüschenband „Nina“ lila, 19 mm, Art.-Nr. 6425-1896-019-4

Accessoires und Zubehör

- Bedruckbarer Stoff Popeline, 6 Blatt pro Packung, Art.-Nr. 3528-1013
- Bedruckbarer Stoff Seide, 6 Blatt pro Packung, Art.-Nr. 3528-1015
- Bedruckbarer Stoff Twill, 6 Blatt pro Packung, Art.-Nr. 3528-1014
- Magnetverschluss zum Annähen, Ø 19 mm, Art.-Nr. 6359-416472
- Glasrosenknopf transparent grau, Ø 23 mm, Art.-Nr. 6158-10425-3606
- Glasrosenknopf transparent lila, Ø 23 mm, Art.-Nr. 6158-10425-3614
- Glasrosenknopf transparent braun, Ø 23 mm, Art.-Nr. 6158-10425-3612
- Knopf „Blümchen“ rosa, Ø 35 mm, Art.-Nr. 6158-12261-54-02
- Knopf Schmetterling klein, Ø 17 mm, Art.-Nr. 6158-12478-2801
- Knopf Schmetterling mittel, Ø 23 mm, Art.-Nr. 6158-12478-3601
- Knopf Schmetterling groß, Ø 30 mm, Art.-Nr. 6158-12478-4801
- Ohrringschließen, silber, 2 Stück, Art.-Nr. 6226-22F
- Magnetverschluss, antiksilber, Art.-Nr. 6158-40011-02
- Armbandverschluss, Art.-Nr. 6226-365-6

- Magnetverschluss mit Endkapseln, Art.-Nr. 6158-40012-02
- Holzring, schwarz, Ø 60 mm, Art.-Nr. 6158-80341-01
- Metallverschluss, 25 x 50 mm, Art.-Nr. 6158-12365-02
- Karabinerhaken 25 x 40 mm, Art.-Nr. 6359-417902
- Schmuckdruckknopf, silberfarben, Ø 20 mm, Art.-Nr. 6158-11943-3402
- Halbautomatische Strickliesel, Art.-Nr. 6359-624145
- Holzrahmen, grau, 21 x 21 cm, Art.-Nr. 9112-4019-01
- Holzrahmen, grün, 21 x 21 cm, Art.-Nr. 9112-4019-02
- Holzrahmen, beige, 21 x 21 cm, Art.-Nr. 9112-4019-03

Perlen

- Mini-Perlen, rauchgrau, 9,5 g, Art.-Nr. 6514-15-1865
- Mini-Perlen, grau, 10 g, Art.-Nr. 6514-15-1866
- Mini-Perlen, weiß, 10 g, Art.-Nr. 6514-15-0420
- Mini-Perlen, lachs, 10 g, Art.-Nr. 6514-15-0429
- Mini-Perlen, pflaume, 10 g, Art.-Nr. 6514-15-2247
- Mini-Perlen, orchide, 10 g, Art.-Nr. 6514-15-1867
- Mini-Perlen, kristallgold, 5 g, Art.-Nr. 6514-15-0196
- Mini-Perlen, bronze dunkel, 10 g, Art.-Nr. 6514-15-0457
- Mini-Perlen, creme, 9,5 g, Art.-Nr. 6514-15-0594
- Mini-Perlen, blau, 10 g, Art.-Nr. 6514-15-0305
- Mini-Perlen, matt dunkelpetrol, 10 g, Art.-Nr. 6514-11-1938
- Mini-Perlen, rosa metallic, 10 g, Art.-Nr. 6514-11-1085
- Mini-Perlen, matt anthrazit, 9,5 g, Art.-Nr. 6514-11-2010
- Mini-Perlen, silbergold metallic, 9,5 g, Art.-Nr. 6514-11-4221
- Mini-Perlen, fuchsia/ transparentblau, 9,5 g, Art.-Nr. 6514-08-0352
- Mini-Perlen, silbergold metallic dunkel, 9,5 g, Art.-Nr. 6514-08-4222
- Perlen, bronze dunkel, 10 g, Art.-Nr. 6514-06-0457
- Glaswachsperlen, sandfarben, Ø 4 mm, 100 Stk. pro Dose, Art.-Nr. 6360-2219508
- Glaswachsperlen, creme, Ø 4 mm, 100 Stk. pro Dose, Art.-Nr. 6360-2219503
- Glaswachsperlen, weiß, Ø 4 mm, 100 Stk. Pro Dose, Art.-Nr. 6360-2219599
- Muschelkugel rot, Ø 11 mm, Art.-Nr. 6158-80520-16-03

Wolle

- Wolle „Angel“ creme, 25 g, Art.-Nr. 321-8841-02
- Wolle „Angel“ beige, 25 g, Art.-Nr. 321-8841-03
- Wolle „Angel“ grau, 25 g, Art.-Nr. 321-8841-09
- Wolle „Angel“ lila, 25 g, Art.-Nr. 321-8841-12
- Wolle „Angel“ dunkellila, 25 g, Art.-Nr. 321-8841-13
- Wolle „Angel“ kieselgrau, 25 g, Art.-Nr. 321-8841-16
- Wolle „Angel“ rot, 25 g, Art.-Nr. 321-8841-17
- Wolle „Angel“ blau, 25 g, Art.-Nr. 321-8841-18
- Wolle „Baby Sock“ grau, 50 g, Art.-Nr. 321-8850-02
- Wolle „Baby Sock“ lila, 50 g, Art.-Nr. 321-8850-08
- Wolle „Baby Sock“ graubeige, 50 g, Art.-Nr. 321-8850-09
- Wolle „Madonna“ lila, 50 g, Art.-Nr. 321-8830-04
- Leinengarn „Scarlet“ beige, 50 g, Art.-Nr. 321-8880-04
- Leinengarn „Scarlet“ grau, 50 g, Art.-Nr. 321-8880-02
- Leinengarn „Scarlet“ altrosa, 50 g, Art.-Nr. 321-8880-06
- Leinengarn „Scarlet“ rosa, 50 g, Art.-Nr. 321-8880-08
- Baumwollgarn „Petra 8“ kieselgrau, 100 g, Art.-Nr. 321-993A-8-5646
- Baumwollgarn „Petra 8“ hellgrau, 100 g, Art.-Nr. 321-993A-8-5415
- Baumwollgarn „Petra 8“ grau, 100 g, Art.-Nr. 321-993A-8-5414
- Baumwollgarn „Petra 8“ rot, 100 g, Art.-Nr. 321-993A-8-5815
- Wolle „Carmen“ grau, 50 g, Art.-Nr. 321-8843-05
- Wolle „Carmen“ rot, 50 g, Art.-Nr. 321-8843-02

Garne

- Knopflochgarn, graublau, Art.-Nr. 6359-1003-064
- Knopflochgarn, creme, Art.-Nr. 6359-1003-169
- Knopflochgarn, natur, Art.-Nr. 6359-1003-199
- Knopflochgarn, rosabeige, Art.-Nr. 6359-1003-568
- Knopflochgarn, weiß, Art.-Nr. 6359-1003-800
- Perlgarn, beige, Art.-Nr. 6359-4585000-831
- Perlgarn, altrosa, Art.-Nr. 6359-4585000-896
- Perlgarn, dunkelrosa, Art.-Nr. 6359-4585000-969
- Perlgarn, creme, Art.-Nr. 6359-4585000-387
- Perlgarn, grüngelb, Art.-Nr. 6359-4585000-242
- Perlgarn, dunkelgrau, Art.-Nr. 6359-4585000-400
- Perlgarn, hellblau, Art.-Nr. 6359-4585000-976
- Perlgarn, grau, Art.-Nr. 6359-4585000-398
- Perlgarn, graubraun, Art.-Nr. 6359-4585000-393

SommerFrische
144 Seiten, 21,5 x 27 cm, Hardcover
Art.-Nr. 4001
ISBN 978-3-940193-07-0

WohnGlück
144 Seiten, 21,5 x 27 cm, Hardcover
Art.-Nr. 4010
ISBN 978-3-940193-16-2

Glanzstücke
100 Seiten, 21,5 x 27 cm, Hardcover
Art.-Nr. 4002
ISBN 978-3-940193-08-7

Sommerland
128 Seiten, 21,5 x 27 cm, Hardcover
Art.-Nr. 4096
ISBN 978-3-940193-03-2

Glückspilze
64 Seiten, 21,5 x 27 cm, Hardcover (neu)
Art.-Nr. 4097
ISBN 978-3-940193-24-7

Schwedensommer, Sonderedition
100 Seiten, 21,5 x 27 cm, Hardcover
Art.-Nr. 4013
ISBN 978-3-940193-18-6

Lavendelsommer, Sonderedition
100 Seiten, 21,5 x 27 cm, Hardcover
Art.-Nr. 4012
ISBN 978-3-940193-19-3

Frühlingsträume
100 Seiten, 21,5 x 27 cm, Hardcover
Art.-Nr. 4017
ISBN 978-3-940193-23-0

Mein Gartenjahr
70 Seiten, 21 x 29,7cm, Hardcover
Art.-Nr. 4003
ISBN 978-3-940193-09-4

Liebe Lotti
176 Seiten, 21,5 x 27 cm, Hardcover
Art.-Nr. 4020
ISBN 978-3-940193-27-8

Rosen für Dich
100 Seiten, 21,5 x 27 cm, Hardcover
Art.-Nr. 4016
ISBN 978-3-940193-22-3

Winterwunderland
160 Seiten, 21,5 x 27 cm, Hardcover
Art.-Nr. 4021
ISBN 978-3-940193-28-5

Advent im Winterwald
112 Seiten, 21,5 x 27 cm, Hardcover
Art.-Nr. 4007
ISBN 978-3-940193-13-1

WeihnachtsGlück
112 Seiten, 21,5 x 27 cm, Hardcover,
Mit Vorlagen-CD, Art.-Nr. 4014
ISBN 978-3-940193-20-9

Weihnachtsglanz
100 Seiten, 21,5 x 27 cm, Hardcover
Art.-Nr. 4008
ISBN 978-3-940193-14-8

Landhaus-Weihnacht
112 Seiten, 21,5 x 27 cm, Hardcover
Art.-Nr. 4098
ISBN 978-3-940193-05-6

Hüttenzauber
224 Seiten, 21,5 x 27 cm, Hardcover
Art.-Nr. 4095
ISBN 978-3-940193-02-5

Winterzeit
128 Seiten, 19,5 x 27 cm, Hardcover
Art.-Nr. 4099
ISBN 978-3-940193-06-3

Notizbücher

Nicht nur schön, sondern auch praktisch! Unsere Blanko-Notizbücher sind ein hübscher Begleiter für Ihre Gedanken und Notizen.

Der Umschlag ist mit Fotos von Eva-Maria Maier aus „Poesie der kleinen Dinge“ gestaltet.

Notizbücher

DIN A 5, 160 Seiten blanko mit Abrissperforation

Notizbuch rot
Art.-Nr. 67401

Notizbuch blau
Art.-Nr. 67400

Liebevolles Grußkarten-Set mit 5 Doppelkarten

Mit Fotos von Eva-Maria Maier aus dem Buch „Poesie der kleinen Dinge“ und passenden Briefumschlägen. Kartengröße je 11,5 x 17 cm
Art.-Nr. 67402

Poesie der kleinen Dinge

Textiles liebevoll selbstgemacht von Eva-Maria Maier

Mit viel Liebe und Gespür für Details werden in diesem Buch filigrane, textile Kreationen von Eva-Maria Maier gezeigt.
Vorlagen und Anleitungen für Schmuckstücke, Taschen, Schals, Accessoires und liebevolle Dekorationen laden zum Nacharbeiten ein. Es wird genäht, gestickt, gehäkelt und romantisch in Szene gesetzt.

Umfang 144 Seiten
Format 21,5 x 27 cm,
Hardcover
ISBN 978-3-940193-17-9 • Art.-Nr. 4011

Impressum

1. Auflage 2012
Herausgeberin: Ute Menze
Verlag acufactum Ute Menze
Buchenstraße 11 • 58640 Iserlohn-Hennen
Tel.: 02304-5349 • Fax: 02304-5453
E-Mail: ute.menze@acufactum.de
Internet: www.acufactum.de

Entwurf und Realisation, Styling und Fotografie: Eva-Maria Maier
Idee & Konzept: Meike Menze-Stöter
Gestaltung und Satz: acufactum, Iserlohn

Druck: Mohn Media Mohndruck GmbH, Gütersloh
ISBN 978-3-940193-26-1

Bibliografische Information Deutsche Nationalbibliothek
Die Deutsche Nationalbibliothek verzeichnet diese Publikation in der Deutschen Nationalbibliografie; detaillierte bibliografische Daten sind im Internet über http://d-nb.de abrufbar.

Bewilligung für
Seite gewann die letzte Partie,
großes Interesse für alle
trotz ihrer neunzehn Jahre.
natürlich! Wollte, Sie
Wie gehts der entzückenden
mit bedeutungsvollem